INVESTIGATIONS JUDICIAIRES TRANSNATIONALES DANS L'ESPACE CEDEAO

Quelle implémentation des équipes communes d'enquête ?

Jean OUEDRAOGO

INVESTIGATIONS JUDICIAIRES TRANSNATIONALES DANS L'ESPACE CEDEAO

Quelle implémentation des équipes communes d'enquête ?

Préface du Dr Adama KAFANDO

L'Harmattan

5-7, rue de l'École polytechnique, 75005 Paris

http://www.harmattan.fr
diffusion.harmattan@wanadoo.fr

ISBN : 978-2-336-45838-0
EAN : 9782336458380

DEDICACE

A

Mes très chers parents qui m'ont inculqué la foi en Dieu, l'amour du travail, le sens du devoir et des valeurs morales comme l'intégrité et l'humilité.

Mes Frères et Sœurs pour les énormes sacrifices consentis pour assurer la scolarité de leur benjamin jusqu'à l'Université.

Ma tendre épouse et mon adorable fils, pour leur soutien inestimable, en supportant dans le silence mes moments d'absence et d'isolement pendant mes travaux de recherche.

Préface

Les États du Sahel traversent une crise sécuritaire inédite due à l'amplification de la criminalité transnationale organisée dans cette partie du monde durant ces dix dernières années. En effet, le phénomène terroriste s'est ajouté aux infractions classiques comme la traite des personnes, le trafic de drogue, le trafic de migrant, les vols à main armée etc. L'une des causes est la déstabilisation de la bande sahélo-saharienne provoquée par la chute de l'ex-président Libyen Mohammar KHADAFI et la dispersion d'une partie importante de l'imposant arsenal militaire de son armée. Avec le phénomène terroriste, la lutte contre la criminalité transnationale s'est complexifiée davantage. Les organisations criminelles exploitent la porosité des frontières, profitent du manque de coopération entre les fonctionnaires de différents pays qui ne parviennent pas à se concerter pour surmonter leurs différences, exploitent le souci de souveraineté qui anime la plupart des États. Pour y faire face, les États ont développé non seulement la coopération policière mais également la coopération judiciaire. Ils ont doté leurs services de répression et de poursuite d'instruments juridiques adaptés à la menace afin de procéder aux poursuites, au transfèrement si nécessaire des auteurs de la criminalité organisée, de trouver les moyens efficaces de recueillir les preuves nécessaires qui, naturellement, se trouveront souvent au-delà des frontières nationales, de procéder à des gels, saisies et confiscations des produits du crime.

Plusieurs textes internationaux ont été adoptés à cet effet. Il existe ainsi des traités internationaux, des directives communautaires et des recommandations d'organismes internationaux dont le principal à l'échelle international est la Convention des Nations Unies contre la criminalité transnationale organisée dite Convention de Palerme du 15 novembre 2000 ainsi que les trois protocoles qui s'y rapporte.

Si théoriquement l'on peut se réjouir de l'ensemble des dispositions prises par les Etats pour faire face au crime, il y a lieu de s'interroger sur le caractère exhaustif des mécanismes de coopération utilisés et surtout l'efficacité pratique de ces mécanismes. C'est à cet exercice que s'adonne avec brio Monsieur OUEDRAOGO Jean, juge d'instruction au Tribunal de Grande Instance de Ouaga 2. Dans ses réflexions, il fait le constat des insuffisances de l'entraide pénale internationale par le biais des commissions rogatoires internationales (CRI) pour s'intéresser aux « équipes communes d'enquête » qui pour lui est une alternative crédible au CRI. L'auteur est convaincu et convainc, dans une démarche scientifique rigoureuse, que les Equipes communes d'enquête sont efficaces pour faire face à la criminalité organisée si l'on parvient à surmonter les nombreux défis qu'il a identifiés. Les « équipes communes d'enquête » ECE sont des équipes dans lesquelles les juges, les procureurs, et les agents de police travaillent ensemble sur des enquêtes criminelles transfrontalières, sur la base d'un accord juridique entre deux ou plusieurs pays pour une période déterminée. Elles connaissent un succès retentissant en Europe grâce à EUROJUST, l'Agence de l'Union européenne pour la coopération judiciaire en matière pénale qui aide les pays à mettre en place et à faire fonctionner des ECE depuis 2009 à travers un soutien financier et un appui logistique. Pour Monsieur OUEDRAOGO, la mise en place des ECE est une nécessité pour les Etats ouest africains qui font face à une criminalité transnationale de mieux en mieux organisée. Pour ce faire, il fait des contributions très pertinentes dans le sens d'une réforme conséquente du cadre juridique afin d'intégrer le mécanisme des ECE et d'une adaptation du cadre institutionnel. Enfin, il suggère un changement de paradigme chez les acteurs judiciaires ainsi que leur appropriation du mécanisme des ECE.

La question légitime que le lecteur pourrait se poser est celle de savoir si le niveau d'intégration des Etats Ouest africains leur permet de parvenir à un tel niveau de coopération judiciaire en matière pénale. Les acteurs judiciaires de ces Etats sont –ils suffisamment conscients des enjeux au point de s'approprier un tel mécanisme ? Il appartiendra au lecteur de trouver ses propres réponses en approfondissant les réflexions sur certains aspects du sujet brillamment abordés par l'auteur.

Cet ouvrage a le mérite d'avoir fait le tour de la question. Pour les praticiens, l'exploitation judicieuse de cet ouvrage, leur permettra d'en tirer des exemples de bonnes pratiques et de recommandations pertinentes dans la mise en œuvre des enquêtes conjointes dont l'efficacité a été amplement démontrée.

C'est avec un réel plaisir que je préface cette œuvre de qualité et la recommande à tous ceux qui sont en quête d'analyses rigoureuses sur les investigations judiciaires transnationales par le mécanisme des Equipes communes d'enquête.

Dr Adama KAFANDO
Avocat général près la Cour de Cassation
Directeur exécutif du CERCOFI

EPIGRAPHE

« Aider à la répression du crime à l'étranger, c'est aussi prévenir celui qui se commet dans notre pays : en aidant les autres, nous nous aidons nous même ». Dick MARTY, Conseil des Etats européens du 21 mars 1996.

REMERCIEMENTS

La réalisation de cet ouvrage a été rendue possible, grâce à l'implication et aux précieux conseils du Docteur Adama KAFANDO qui a constamment manifesté son intérêt pour mes recherches. Puisse cette œuvre lui traduire toute ma gratitude.

J'exprime ma reconnaissance aux Enseignants-chercheurs de l'Université Thomas SANKARA, en particulier le Professeur Abdoul Karim SAÏDOU, les Docteurs Angelain PODA, Myriam SANOU et Moussa OUEDRAOGO pour leurs précieuses contributions à la perfection de cet ouvrage. Qu'ils veuillent trouver ici l'expression de ma profonde gratitude.

Je remercie également toutes les personnes ressources qui m'ont apporté leurs avis et soutiens, en particulier le Doyen des juges d'instruction du TGI Ouaga II, Idrissa BADO, le Directeur de la justice pénale et du sceau du MJDHRI, Simplice BADO, le Chef de service du Bureau d'Entraide Pénale Internationale (BEPI) Burkina, Cyrille SAWADOGO.

Ma gratitude à l'endroit de Marie COMPERE et Seibou SAMNA de l'Institut International pour la Justice et l'Etat de droit (IIJ) de Malte, pour l'intérêt manifesté pour mes travaux de recherche. Ma particulière reconnaissance également aux collègues notamment du Niger, du Mali, du Tchad, du Sénégal, de la Côte d'Ivoire et du Burkina Faso pour leur disponibilité.

A monsieur Adama ILBOUDO, Directeur Général de la Douane/BF, pour le partage de ses réflexions sur le droit pénal douanier à l'épreuve de la criminalité transnationale.

Aux collaborateurs, parents, amis et connaissances, qui m'ont apporté leurs précieux concours dans la réalisation de cet ouvrage, puisse cette œuvre vous traduire ma reconnaissance.

LISTE DES SIGLES, ABREVIATIONS ET ACRONYMES

AJ pén.,	Actualité Juridique pénale
AQMI	Al-Qaïda au Magrheb Islamique
ARINWA	Réseau inter-agences de recouvrement des avoirs en Afrique de l'Ouest
Art.	Article
BEPI	Bureau d'entraide pénale internationale
CEDEAO	Communauté Economique Des Etats de l'Afrique de l'Ouest
CEEJ	Convention européenne d'entraide judiciaire en matière pénale
Coll.	Collection
CPI	Cour Pénale Internationale
CPP	Code de procédure pénale
CRI	Commission Rogatoire Internationale
DDEE	Décision D'Enquête Européenne
Dir	sous la direction de
ECE	Equipes Communes d'Enquêtes
éd.,	édition
ETA	Euskadi Ta Askatasuna (« Pays Basque et Liberté »)

Eurojust	Agence de l'Union européenne pour la coopération judiciaire
Europol	Agence de l'Union européenne pour la coopération policière
GIABA	Groupe Intergouvernemental d'Action contre le Blanchiment d'Argent
Ibid	Ibidem, Identique au précèdent
IIJ	Institut International pour la Justice et l'Etat de Droit
IRSEM	Institut de Recherche Stratégique de l'École militaire
IUFIC	Institut Universitaire de Formation Initiale et Contenue
JIRS	Juridictions Interrégionales spécialisées
JIT	Joint Investigation Teams
L.G.D.J	Librairie Générale de Droit et de Jurisprudence
MAE	Mandat d'Arrêt Européen
MJDHRI	Ministère de la Justice, des Droits Humains, chargé des Relations avec les Institutions.
NEB	Nouvelles Editions Burkinabè
OHADA	Organisation pour l'Harmonisation en Afrique du Droit des Affaires
OLAF	Office de Lutte Anti-Fraude
ONU	Organisation des Nations Unies
ONUDC	Organisation des Nations unies pour la lutte contre la Drogue et le Crime

Op.cit,	operecitato, ouvrage précité
OPJ	Officier de Police Judiciaire
p.	page
PCJS	Plateforme de Coopération Judiciaire du Sahel.
RBD	Revue Burkinabè de Droit
Rev.péni.dr.pén.	Revue Pénitentiaire de Droit Pénal
RGDIP	Revue Générale de Droit International Public
RJE	Réseau Judiciaire Européen
RSC	Revue de Science Criminelle
SIPAO	Système d'Information Policière en Afrique de l'Ouest
UE	Union Européenne
UEMOA	Union Economique et Monétaire Ouest-africaine
UFR/SJP	Unité de Formation et de Recherche en Sciences Juridique et Politique
V. ou **Voy.**	voire
Vol.	Volume
WACAP	Réseau des Autorités Centrales et des Procureurs d'Afrique de l'Ouest

SOMMAIRE

INTRODUCTION GENERALE

Le 15 janvier 2016, aux environs de 19 h 45mn, un groupe de trois (03) hommes enturbannés, arrivés à pied sur l'avenue « Kwame N'Krumah », équipés d'armes automatiques, ont attaqué le bar *Taxi Brousse*, le restaurant *Cappuccino* et l'hôtel *Splendide* dans le centre de la ville de Ouagadougou, la capitale du Burkina Faso[1]. Cette attaque, en ces lieux fréquentés principalement par des occidentaux, a fait au total trente (30) morts, de nombreux blessés et d'importants dégâts matériels[2]. Le pays venait de subir sa toute première attaque terroriste de grande envergure en plein cœur de la capitale. Le 17 janvier, cette attaque est vite revendiquée par Al-Qaïda au Maghreb islamique (AQMI)[3] et attribuée à la Katiba Al-Mourabitoune[4]. AQMI publie un communiqué détaillé sur

---

[1] C. KABRE, *Le monde face au financement du terrorisme : Etude du dispositif de lutte au Burkina Faso*, Ouagadougou, Mercury Editions, 2019. p. 13 et ss.

[2] Ibidem.

[3] Al-Qaïda au Maghreb islamique (AQMI) est un groupe armé et une organisation terroriste, d'idéologie salafiste djihadiste, née le 25 janvier 2007. Avant son allégeance à Al-Qaïda, elle était connue sous le nom de Groupe salafiste pour la prédication et le combat, un groupe algérien issu d'une dissidence du Groupe islamique armé. Si les racines du groupe se trouvent en Algérie, sa zone d'opération actuelle correspond à la région du Sahel, qui borde au sud le désert du Sahara, dans ses parties mauritanienne, malienne, burkinabè et nigérienne. Il est également présent en Tunisie et en Libye et se maintient en Algérie dans les montagnes de Kabylie. https://fr.wikipedia.org/wiki/Attentat_de_Ouagadougou_(2016)#cite_note-13, Consulté le 25 août 2022.

[4] Al-Mourabitoune « Les Almoravides » est un groupe armé et une organisation terroriste d'idéologie salafiste djihadiste, née le 22 août 2013 de la fusion du MUJAO et des Signataires par le sang. Le 21 juillet 2015, elle adopte dans ses communiqués le nom d'Al-

l'attaque et donne notamment les noms de guerre des trois assaillants[5]. Plus tard, les enquêtes ont permis de confirmer qu'il s'agissait d'une attaque commanditée depuis le territoire du Mali[6], d'où sont venus les exécutants.

Deux mois plus tard, soit le 13 mars 2016, c'était le tour de la Côte d'Ivoire de subir pour la première fois, une attaque terroriste de ce type. En effet, trois (03) hôtels de bord de mer dans la ville côtière de Grand-Bassam, subissaient une attaque des hommes armés qui a fait au moins seize (16) morts.[7] Quelques heures après, AQMI a revendiqué l'assaut[8]. Suivant le croisement des revendications faites, tout porte à croire que les commanditaires de ces attaques de Ouagadougou et de Grand-Bassam seraient ceux qui ont planifié l'attaque de l'hôtel *Radisson Blu* à Bamako au Mali, plus tôt le 20 novembre 2015, laquelle a causé vingt (20) morts et une dizaine de blessés.

Mourabitoune-Al-Qaïda pour le djihad en Afrique de l'Ouest, puis Al-Mourabitoune-Al-Qaïda pour le djihad en Afrique à partir du 13 août 2015. Le 13 mai 2015, une tendance du groupe menée par Adnane Abou Walid al-Sahraoui prête allégeance à l'État islamique et forme l'État islamique dans le Grand Sahara. L'autre tendance, menée par Mokhtar Belmokhtar, rallie officiellement Al-Qaïda au Maghreb islamique le 4 décembre 2015. Al-Mourabitoune cesse alors d'exister comme groupe indépendant pour devenir une katiba d'AQMI. Ibidem Consulté le 25 août 2022.

[5] Al-Battar Al-Ansari, Abu Muhammad al-Buqali et Ahmed al-Fulani.

[6] Au mois de janvier 2017, un des organisateurs, Mimi Ould Baba Ould Cheikh, a été interpellé dans le nord du Mali. Celui-ci a confirmé que l'attentat avait été commandité par Mohamed Ould Nouini, adjoint de Mokhtar Belmokhtar, le responsable du groupe Al-Mourabitoune proche d'AQMI.

[7]https://www.france24.com/fr/20160313-aqmi-revendique-attaque-terroriste-grand-bassam-cote-ivoire ,consulté le 25 août 2022.

[8] Ibid.

Aujourd'hui, les groupes terroristes[9] ont envahi la quasi-totalité de la bande sahélo saharienne[10] et progressent dans les pays côtiers qui étaient jusque-là épargnés et dont certains ont déjà enregistré leurs premières attaques[11]. Aussi, profitent-ils de la criminalité transnationale organisée[12] en plein essor, notamment le trafic d'armes, de stupéfiants, la traite de personnes, le

---

[9] Il n'existe pas de définition internationale du terrorisme. Parmi les 19 conventions et protocoles multilatéraux de lutte contre le terrorisme, la définition du terrorisme se heurte à l'absence de consensus. Il s'agit d'une notion vague dont la définition a posé de nombreuses difficultés, tant en droit international que national. D'une manière générale, d'après les nombreuses définitions qui en ont été données, il impliquera systématiquement l'utilisation de la violence ou de la menace, dans le but de terroriser des individus pour des motifs politiques, religieux ou idéologiques. Plus largement, il tend à déstabiliser l'ordre d'une société. Les conséquences du terrorisme, au-delà du nombre de victimes qu'il peut provoquer, peuvent donc toucher les structures fondamentales d'un État. Voy., G. RABINOVITCH, « Terrorisme et résistance : refuser la confusion », lors du colloque du MPCT « Terrorisme et Résistance, la leçon d'Albert Camus », 23/10/2013, disponible sur le site du MPCT https://www.mvtpaix.org/wordpress/tag/terrorisme/ , Consulté le 04 juillet 2022.

[10] M. MOHAMED, H. DIALLO, « La coopération des forces de défense et de sécurité dans la lutte contre le terrorisme au Sahel : un nécessaire recadrage », *R.I.D.S.P*, Vol. 3, N°7– Juillet 2023, p.526.

[11] Actuellement la quasi-totalité des pays côtiers a été touchée. Récemment, le Ghana a enregistré le 16 août 2022, sa toute première attaque terroriste à Tamalé puis à Boualga, deux localités situées au Nord du pays et zones frontalières avec le Burkina Faso. Des premières informations, il ressortait que les assaillants seraient venus du territoire burkinabè.

[12] Au sens de l'article 2 de la Convention des Nations Unies contre la criminalité transnationale organisée, l'expression "groupe criminel organisé" désigne un groupe structuré de trois personnes ou plus existant depuis un certain temps et agissant de concert dans le but de commettre une ou plusieurs infractions graves ou infractions établies conformément à la présente Convention, pour en tirer, directement ou indirectement, un avantage financier ou un autre avantage matériel.

commerce des ressources naturelles dont l'or, ainsi que des enlèvements à des fins de rançons pour assurer le financement de leurs activités criminelles[13].

Les groupes criminels, de plus en plus mobiles, opérant en réseaux[14], s'efforcent d'échapper à la détection, à l'arrestation et à la sanction en franchissant les frontières, aidés par les nouvelles technologies qui ont aboli les distances et se jouent des frontières[15]. Ils profitent non seulement des frontières poreuses mais aussi de la réticence fréquente des autorités à engager des enquêtes et des poursuites transnationales qui sont complexes et coûteuses.[16] Pourtant, comme l'avait prévu Henri Donnedieu de VABRES depuis 1923, « *à l'internationalisation du crime doit répondre l'internationalisation de la répression* »[17]. Ce fameux appel, a trouvé tout son sens au lendemain des attentats du 11 septembre 2001[18], avec la montée en puissance de la menace terroriste dans le monde.

---

[13]CEDEAO, étude : « Evaluation détaillée du trafic de drogue et du crime organisé en Afrique de l'Ouest et Afrique centrale », janvier 2014, p.5. cité par P.GUEYE, *Criminalité organisée, terrorisme et cybercriminalité : Réponses de politiques criminelles*, Dakar L'Harmattan-Sénégal , 2018, p. 339.

[14] S. DANIEL, *Les Mafias du Mali, Trafic et terrorisme au Sahel*, Paris, éd, Descartes, 2014, p.300.

[15] R. MERLE et A. VITU, *Traité de droit criminel*. Tome 1, *Problèmes généraux de la science criminelle*, droit pénal général, Paris, France, Éd. Cujas, 1997, p.384.

[16] Voy. J. OUEDRAOGO, « Techniques spéciales d'enquête et respects des droits humains dans le contexte de la criminalité transnationale organisée et du terrorisme dans l'espace du G5 Sahel », *bulletin scientifique du CEDHOP*, N°8, avril-juin 2022, pp.6-33.

[17] H. DONNEDIEU DE VABRES, *Les Principes modernes du droit pénal international*, Recueil Sirey, 1928, p. 220 et ss.

[18] P. BERTHELET, « L'impact des événements du 11 septembre sur la création de l'espace de liberté, de sécurité, et de justice ». p. 1, *disponible à l'adresse*, https://www.google.com/search?q=10/equipe, consulté le 08 août 2022

L'espace de l'Union européenne[19], voulu comme un espace de liberté, de sécurité et de justice[20] n'est pas non plus épargné. Il connait d'ailleurs le revers de la libre circulation des personnes et des biens, avec « les mafias et groupes criminels qui tirent, eux aussi, profit des opportunités qu'elle offre ».[21]

Pour y faire face efficacement, la coopération judiciaire internationale devient plus que jamais un impératif.[22] Elle peut être définie comme l'exécution par un Etat requis (au besoin par la coercition) de mesures propres à faciliter la poursuite et la répression des infractions dans l'Etat requérant, à la demande de celui-ci [23]. Autrement dit, il s'agit d'une mutualisation des efforts des Etats dans la répression des crimes au-delà des frontières étatiques.

---

[19] L'Union européenne est une organisation régionale supranationale constituée de 27 pays membres. Il s'agit d'une Union politico-économique et monétaire, instaurée par le traité de Maastricht du 7 févier 1992 et issue de plusieurs élargissements successifs.

[20] S. ALBERTIN, *La lutte contre la criminalité organisée au sein de l'Union européenne,* Master 2 Droit de l'Union Européenne, Université Panthéon-Assas, Année 2009-2010, p. 6.

[21] Pour Sarah ALBERTIN « *Le phénomène de criminalité organisée est relativement ancien dans l'Union européenne. Mais c'est essentiellement à partir de la deuxième moitié des années 1980, moment où se met en place le marché unique avec les quatre libertés de circulation, des biens, des services, des personnes et des capitaux, qu'il prend un tour particulier* ». Ibid.

[22] U. BAMA, « les impératifs de la coopération internationale en matière de lutte contre le phénomène du terrorisme », Revue Juridique du Faso, janvier 2022. *Disponible à l'adresse https://revuejuris.net/2022/01/22/les-imperatifs-de-la-cooperation-internationale-en-matiere-de-lutte-contre-le-phenomene-du-terrorisme/*, consulté le 25 août 2022.

[23] R. ZIMMERMANN, *la coopération judiciaire internationale en matière pénale*, Berne, Staempfli Editions SA. 2004, 2ème édition, p.5.

Traditionnellement, la coopération judiciaire pénale[24] portait uniquement sur l'extradition[25], puis progressivement l'entraide pénale s'est développée[26]. Justement ce dernier volet de la coopération qui nous intéresse dans la présente étude, s'entend de l'accomplissement de divers actes de procédure, allant de la poursuite au jugement[27], à l'exception toutefois de ceux comportant une détention[28]. Elle se réalise en pratique par des demandes d'entraide constituées essentiellement de commissions rogatoires internationales (CRI). La CRI est « *le mandat donné par une autorité judiciaire d'un pays à une autorité judiciaire étrangère à l'effet de procéder en ses lieu et place à un ou plusieurs actes spécifiés par le*

---

[24] De façon classique, les quatre mécanismes de coopération judiciaire sont : l'extradition, la délégation de poursuite pénale, l'exécution des décisions de justice et bien entendu l'entraide judiciaire. Voy. MOREILLON L., WILLI-JAYET A., *La coopération judiciaire pénale dans l'Union européenne*, éditions Helbing et Lichtenhahn, Bruylant/L.G.D.J. paris, 2005 pp. 176 ss.

[25] L'extradition peut être définie comme « le mécanisme juridique par lequel un Etat (Etat requis), sur le territoire duquel se trouve un individu, remet ce dernier à un autre Etat (Etat requérant) afin qu'il le juge (extradition à fin de jugement) ou lui fasse exécuter sa peine (extradition à fin d'exécution). Voy A. HUIT et R. KOERING-JOULIN, *Droit pénal international*, 3è edition 2005, PUF, p.397.

[26] R. DIDIER, *Droit pénal international*, Paris, Dalloz, 2012, p.231.

[27] Le champ d'action de l'entraide judiciaire est assez large et comprend notamment : le recueil de témoignages ou de dépositions ; la fourniture d'une aide pour la mise à la disposition des autorités judiciaires de l'État requérant, de personnes détenues ou d'autres personnes, aux fins de témoignage ou d'une aide dans la conduite de l'enquête ; la remise de documents judiciaires ; les perquisitions et les saisies. Voy. W-J-M-D. KOFFI, La coopération internationale face au terrorisme en Afrique de l'ouest, mémoire de Master en droit public, Université catholique de l'Afrique de l'ouest, Abidjan, 2018-2019.

[28] F. HOURQUEBIE, *Regard sur les instruments internationaux et régionaux d'entraide judiciaire, cours de droit international pénal*, Université Bordeaux 4, année 2012, inédit.

mandat »[29]. Autrement dit, c'est la mission donnée par une autorité judiciaire à toute autorité judiciaire relevant d'un autre Etat, de procéder en son nom, à des mesures d'instruction ou à d'autres actes judiciaires.

Si théoriquement ce moyen classique semblait répondre aux besoins, en pratique, au fil du temps, il s'est révélé inefficace face à la rapidité du développement de la criminalité transfrontalière et du terrorisme. En effet, la procédure des CRI s'avère longue et complexe car faisant intervenir à la fois le politique et le judiciaire. En pratique, sauf convention contraire, la commission rogatoire une fois rédigée, doit être transmise à l'autorité centrale[30] par voie administrative[31] et diplomatique.[32] La CRI devra suivre la procédure interne pour parvenir à l'autorité judiciaire compétente et emprunter ce même processus pour son retour après exécution. Concrètement, il s'agit d'un acte dont la célérité de sa transmission et de son exécution n'est pas du ressort de son auteur. Celui-ci devra assister de façon impuissante, à tous les desiderata de la chaîne de transmission de la CRI et celle du retour des actes sollicités. Pendant ce temps, les groupes criminels opérant en réseau n'ont point de répits. Ils réfléchissent toujours non seulement à perfectionner davantage leur mode opératoire mais aussi à y mettre de la grande

---

[29] H. ASCENSIO/ E. DECAUX /A. PELLET, *Droit international pénal*, Paris, Editions A. Petone, 2è édition révisée, 2012, p.1102.

[30] Le ministère de la justice, autorité politique de tutelle de l'autorité judiciaire compétente délivrant la CRI.

[31] Concrètement la CRI devrait transitée du Cabinet d'instruction au Parquet General en passant par le Parquet du Procureur. Elle parvient à l'autorité centrale par les soins du Parquet General. Ce modèle classique implique donc une longue chaine qui constitue une source de lenteur dans la transmission des CRI.

[32] L'autorité centrale à son tour saisira le ministère des affaires étrangères pour son acheminement à son homologue du ministère des affaires étrangères de l'Etat requis.

mobilité pour échapper aux poursuites[33]. Outre la complexité de la procédure de transmission et d'exécution des actes, la différence des systèmes juridiques et la barrière linguistique sont aussi des défis auxquels sont confrontés les praticiens dans le cadre de l'entraide pénale par commissions rogatoires[34].

Face à ces défis, le développement d'un mécanisme novateur s'est imposé. La trouvaille a été faite dans l'Union européenne avec « les équipes communes d'enquête » qui constituent l'objet de notre étude.

Du point de vue historique et conceptuel, les équipes communes d'enquête constituent un outil de coopération opérationnelle du droit de l'Union Européenne[35]. En effet, bien vrai que l'idée des enquêtes conjointes n'est pas exclusivement européenne[36], l'expression *équipes communes d'enquête* découle du Conseil européen de Tampere de 1999[37] et son cadre juridique défini par la Convention du 29 mai 2000 relative à l'entraide judiciaire pénale entre les pays de l'Union

---

[33] L. DIARRA, *La CEDEAO face au terrorisme transnational : mécanismes et stratégies de lutte*, Paris, 2016, L'Harmattan, 215 p.

[34] J. CLEMENCIER, *Le multilinguisme de l'Union Européenne et le droit pénal*, mémoire Master 2 Droit Pénal et Sciences Criminelles, Université Aix-Marseille, Faculté de Droit et de Science Politique, Année universitaire 2018-2019, p.18 et ss.

[35] F. CHAREYRON, *Équipes communes d'enquête et droit pénal français*, mémoire de master 2 droit public, Université du Sud Toulon-Var, année universitaire 2010-2011, p.10.

[36] Bien avant ces conventions européennes, dans le cadre multilatéral des Nations unies, la convention nations unies contre le trafic illicite de stupéfiants et de substances psychotropes du 20 décembre 1988 consacrait les enquêtes conjointes.

[37]Conseil européen de Tampere, Conclusions de la présidence, 15 et 16 octobre 1999, SN 200/99, disponible à l'adresse : http://www.europarl.europa.eu/summits/tam_fr.htm . Consulté le 05 mai 2022.

européenne[38]. Les équipes communes d'enquête[39] (ECE), encore appelées « enquêtes conjointes » ou « Joint Investigation Team »,[40] est un mécanisme contemporain[41] de coopération judiciaire en matière pénale[42], qui a pour vocation de répondre au besoin de pragmatisme et de célérité dans les investigations transnationales. Il se définit comme un accord conclu entre les autorités compétentes de plusieurs États, établi pour une durée limitée et dans un but précis, pour mener des enquêtes pénales dans un ou plusieurs des États concernés[43]. L'enquête pénale quant à elle, peut être définie comme la phase de la procédure pénale durant laquelle, les autorités d'enquêtes que sont notamment la police judiciaire, le Procureur ou le juge d'instruction, vont rechercher les auteurs des infractions qu'elles découvrent et tenter d'en rassembler les preuves.[44]

Pour le Magistrat de liaison Samuel VUELTA-SIMON, « *la participation à une telle équipe permet aux enquêteurs des deux pays d'agir indifféremment sur l'ensemble des territoires des pays parties à l'accord : l'ensemble des actes et des preuves recueillies seront valables et exploitables dans les procédures de tous les*

---

[38] Art.13, *op. cit.*

[39] Conseil de l'Union européenne - *Equipes communes d'enquête : Guide pratique* https://www.europol.europa.eu/sites/default/files/documents/jit-guide-2017-fr.pdf . Consulté le 13 avril 2022.

[40] JIT dans sa version abrégée en Anglais.

[41] K. MEHTIYEVA, *La notion de coopération judiciaire*, Paris, LGDJ, Bibliothèque de droit privé, t. 597, 2020, p.187.

[42] David TOUVET parle d'un « véritable saut qualitatif en matière d'entraide pénale », in Olivier BEAUVALLET (dir), *les investigations judiciaires internationales*, Berger levraut, 2014, p.63.

[43] Art.13, *op. cit.*

[44] B. BOULOC et H. MATSOPOULOU, *Droit pénal général et procédure pénale*, Paris, Sirey, 23ème éd., 2022, 914 p.

pays composant l'équipe »[45]. Il ne s'agit donc pas d'une structure ou entité permanente, mais plutôt une procédure judiciaire ponctuelle, visant à faciliter le recueil et le partage d'informations dans le cadre d'une ou plusieurs enquêtes déjà ouvertes.

L'analyse du mécanisme des équipes communes d'enquête suscite des interrogations légitimes quant à sa capacité à relever efficacement les défis liés à la lutte contre la criminalité transnationale. En clair, quel est l'apport des équipes communes d'enquête en tant que modèle de coopération pénale ? Cette question interroge, tant, sur les objectifs recherchés par les ECE, à savoir la célérité et la proactivité dans les investigations transnationales, que sur les défis à relever pour leur mise en œuvre optimale.

L'étude des équipes communes d'enquête, par la problématique qu'elle pose, présente des intérêts certains. Du point de vue théorique, elle permet d'identifier et d'examiner les innovations introduites par les équipes communes d'enquête dans la coopération judiciaire[46], sous l'angle de la recherche de l'efficacité dans les investigations judiciaires transnationales.[47] Du point de vue pratique, et suivant l'actualité de la thématique, notre étude constitue une contribution à l'analyse de la mise en œuvre efficace des ECE, dans un contexte où la problématique de la coopération judicaire se pose avec

---

[45] S. VUELTA-SIMON, « Dernières nouvelles des équipes communes d'enquête : entre partage et souveraineté... » *RSC*, avril-juin 2007, p. 268-269.

[46] C. FAUCHON, *L'expérience franco-espagnole en matière d'équipes communes d'enquête*, mémoire master 2 droit pénal de l'Union européenne, Université de Strasbourg, Faculté de droit, année universitaire 2017-2018. p. 13.

[47] A. TISSERON, *La coopération sécuritaire et judiciaire en Afrique de l'Ouest face au défi de la lutte contre les groupes armés jihadistes, op.cit.,* p. 63-79.

acuité. Plus concrètement, elle permettra d'exposer les insuffisances que comportent les cadres juridiques et opérationnel relatifs aux ECE, mais également les difficultés que soulève la pratique de ce mécanisme de coopération afin de permettre notamment aux législateurs d'entreprendre les réformes qui siéent. Aussi, ambitionne-t-elle d'être un outil de référence pour les praticiens en quête d'une coopération pénale efficace.

Partant du fait que les ECE sont fondamentalement issues du droit européen, notre étude s'est tout naturellement intéressée à cet espace, tant du point de vue de son cadre juridique que de sa pratique. Aussi, à titre de droit comparé, s'est-elle efforcée, de s'interroger quant à l'applicabilité de ce mécanisme dans l'espace ouest africain, où certains pays sont durablement confrontés à la criminalité transnationale et le terrorisme qui requièrent des actions concertées.

Pour apporter des réponses pertinentes aux problèmes que soulève le sujet, nous avons adopté une démarche à la fois descriptive et critique. Pour y parvenir, une collecte des données en matière de coopération judiciaire a été effectuée ainsi que des entretiens avec des personnes ressources. Ces recherches et analyses ont permis d'établir d'une part, que les équipes communes d'enquête constituent un mécanisme efficace de coopération judiciaire (**Titre I**). Néanmoins, elles ont révélé, d'autre part, des insuffisances liées au cadre juridique et opérationnel y relatifs, qui constituent des défis à relever pour leur mise en œuvre optimale (**Titre II**).

Mais avant d'entrer dans le vif du sujet, il importe pour nous, à travers un chapitre préliminaire, de jeter un regard furtif sur la coopération judiciaire pénale internationale pour comprendre ses mécanismes et ses fondements.

Chapitre préliminaire

Généralités sur la coopération judiciaire internationale en matière pénale

La coopération judiciaire pénale est une notion transversale, au carrefour de plusieurs disciplines[48], qui se donnent pour ambition le traitement des litiges impliquant plusieurs ordres juridiques (donc des éléments d'extranéité).[49] Elle n'a pas fait l'objet d'une définition légale, et la notion rarement traitée par la doctrine, quoique l'expression soit largement utilisée.[50] Des rares esquisses de définitions, on retiendra que la coopération judiciaire internationale en matière pénale s'entend de « l'exécution par un Etat requis, à la demande d'un Etat requérant, de mesures coercitives propres à faciliter la poursuite et la répression, dans l'Etat requérant, d'une infraction de nature pénale ».[51] Aujourd'hui, avec l'évolution de la criminalité transnationale organisée, on assiste à une justice « de plus en plus coopérative »[52], avec une multiplication des mécanismes de coopération

---

[48]Il s'agit notamment du droit pénal international, du droit international public, mais aussi des multiples normes du droit interne.

[49] Sur la notion d'ordre juridique voire P-M. DUPUY, « l'unité de l'ordre juridique international. Cours général de droit international public », *RCADI*, 2003, p.66. ; H. KELSEN, « Les rapports de système entre le droit interne et le droit international public », *RCADI*,1926, p.231.

[50] K. MEHTIYEVA, *La notion de coopération judiciaire*, Paris, L.G.D.J, 2020, p.18.

[51] L. MOREILLON et A. WILLI-JAYET, *La coopération judiciaire pénale dans l'Union européenne*, Paris, éditions Helbing et Lichtenhahn, Bruylant/L.G.D.J. 2005, p.176.

[52] K. MEHTIYEVA, *La notion de coopération judiciaire*, op.cit., 189.

(**Section I**), tant entre juridictions étatiques que juridictions internationales.[53] Tous ces mécanismes ont bien évidemment des fondements juridiques aussi divers (**Section II**), dont la vocation première est d'assurer une coopération plus stable et dynamique.

Section I: De la multiplicité des mécanismes de coopération judiciaire

La doctrine classique[54] cite régulièrement quatre formes de coopération judiciaire reconnues comme formant la notion de coopération judiciaire pénale internationale. En analysant ces mécanismes, on pourrait les regrouper en deux, à savoir la coopération judiciaire extraditionnelle (**Paragraphe 1**) et la coopération judiciaire non-extraditionnelle[55](**Paragraphe 2**).

Paragraphe 1 : La coopération judiciaire extraditionnelle

Qualifiée par certains auteurs d'entraide majeure par opposition à l'entraide judiciaire,[56] cette forme de coopération vise au transfert d'une personne d'un Etat

[53] Préface de Loïc CADIET in K. MEHTIYEVA, *La notion de coopération judiciaire*, op.cit., p. XI.
[54] Voy. R. ZIMMERMANN, *la coopération judiciaire internationale en matière pénale*, op.cit., p.5 ; L. MOREILLON et A. WILLI-JAYET, *La coopération judiciaire pénale dans l'Union européenne*, op.cit., p.176.
[55] D. REBUT., *Droit pénal international*, 2e édition, DALLOZ, 2014 p. 135.
[56] A. WEYEMBERGH, *L'harmonisation des législations : condition de l'espace pénal européen et révélateur de ses tensions*, éd. de l'Université de Bruxelles, 2004, p.10.

donné à un autre Etat en vue de l'exercice des poursuites judiciaires ou de l'exécution de son jugement prononcé à son encontre. Aujourd'hui, si l'extradition classique (**A**) est la plus connue en la matière, sous certains cieux, elle est révolue. En effet, au regard de sa lourdeur et de sa complexité procédurale, elle a été remplacée dans l'UE par le mandat d'arrêt européen qui a opéré des innovations importantes en la matière (**B**).

A- De l'extradition classique

L'extradition est l'un des plus anciens mécanismes de coopération interétatique.[57] Ses origines remontent à 1269 avant J.C, avec les traces d'un traité de paix conclu à Hadesh entre le pharaon Ramsès II et Hattousil III, prince des hitties, dans lequel figure ce qui fut, peut-être, une clause d'extradition.[58] L'extradition peut être définie comme la procédure par laquelle un État, appelé État requis, accepte de livrer une personne qui se trouve sur son territoire à un autre État, appelé État requérant, lequel la réclame pour la juger pour la commission d'un crime ou d'un délit ou pour lui faire exécuter une peine prononcée pour la commission d'un crime ou d'un délit.[59] Elle est donc exercée à l'égard d'une personne physique contre laquelle il existe des poursuites ou ayant déjà fait l'objet d'un jugement.[60]

Suivant le droit international général, l'extradition est en effet une décision souveraine de l'Etat requis qui

---

57 R. ZIMMERMANN, *la coopération judiciaire internationale en matière pénale*, op.cit., p.5.

58 M-D. MEOUCHY TORBEY, *L'internationalisation de droit pénal, le Liban dans le monde arabe*, L.G.D.J, Paris, 2007, p. 337.

59 P. MBONGO & al, *Dictionnaire encyclopédique de l'Etat*, LEVRAULT B., décembre 2014 p. 424.

60 A-M. LA ROSA, *Dictionnaire de droit international pénal*, Paris, PUF, 1998, p.38-45.

n'est jamais tenu d'y procéder.[61] Elle se distingue de certaines formes de remise de personnes entre États telles que le transfèrement[62], le rapatriement[63], le refoulement[64] et l'expulsion[65].

Aujourd'hui, l'un des défis de l'extradition demeure l'assouplissement de ses conditions procédurales que pratiques. Au-delà de sa complexité procédurale, son traitement n'est pas exclusivement judiciaire mais appelle une implication importante du politique et de la diplomatie dans sa phase décisionnelle. Ce faisant, elle est sujet à plusieurs obstacles, sources d'importante lenteur voire d'inexécution. Dans ce sens, la demande d'extradition du sieur Paul François COMPAORE formulée par le Burkina Faso auprès de la République française est très illustrative. Engagée depuis 2017, cette procédure n'a toujours pas connu une issue favorable. En effet, par « *note verbale de son ambassade à Paris en date du 30 octobre 2017, parvenue le même jour au Ministère de l'Europe et des Affaires Etrangères, et parvenue le 10 novembre 2017 au ministère de la Justice et le 13 novembre 2017 au greffe*

---

[61] C.I.J., *Affaire sur les questions d'interprétation et d'application de la convention de Montréal de 1971 résultant de l'incident aérien de Lockerbie* (Jamahiriya arabe libyenne/Royaume-Uni), mesures conservatoires, Ordonnance du 14 avril 1992, Rec, 1992, p. 24.

[62] Il consiste à rapatrier un détenu condamné de l'État de condamnation vers son État d'origine ou vers son État de résidence en vue de sa réinsertion sociale.

[63] Le rapatriement consiste à organiser et à assurer le retour d'une personne dans son pays d'origine ou son lieu de départ, en général après un incident de voyage. Il intervient donc dans un contexte non pénal.

[64] Le refoulement consiste à l'interdiction d'un étranger d'accéder au territoire national par les services de police des frontières.

[65]L'expulsion qui intervient pour des raisons administratives et qui consiste à mettre fin par le biais d'un arrêté au séjour d'un étranger, celui-ci étant reconduit par la force publique à la frontière au cas où il n'obéirait pas spontanément à l'arrêt

de la chambre de l'instruction, le Gouvernement du Burkina Faso a sollicité l'extradition de Paul François COMPAORE aux fins de l'exécution d'un mandat d'arrêt international délivré le 5 mai 2017 par monsieur Emile ZERBO, juge d'instruction au Tribunal de Ouagadougou, pour des faits d'incitation à assassinats commis à Ouagadougou le 13 décembre 1998 Au Burkina ».[66] Dans le cadre de cette requête, plusieurs garanties et preuves ont été sollicitées par l'Etat requis auxquelles le Burkina Faso a répondu. Le 30 juillet 2021, après examen, la Justice française[67] autorisait l'extradition de François Compaoré après la signature de son décret d'extradition le 21 février 2020. Cependant, après saisine de la Cour européenne des droits de l'Homme (CEDH), elle suspendait l'extradition du mis en cause en attendant l'examen de sa régularité.[68] Le 07 septembre 2023, après six (06) longues années de procédure complexe, la CEDH a désapprouvé ladite extradition au motif « *qu'il y aurait violation de l'article 3 de la Convention en son volet procédural en cas d'extradition du requérant vers le Burkina Faso faute d'une appréciation ex nunc par les autorités françaises du risque qu'il allègue encourir en cas de mise à exécution de la mesure de remise à l'État qui demande son extradition* ».[69]

---

[66] Cour d'Appel de Paris, cinquième chambre de l'instruction, Arrêt du 13 juin 2018 ordonnant un complément d'informations au Burkina Faso relative à sa demande d'extradition du sieur Paul François COMPAORE.

[67] La cour de cassation et le conseil d'Etat français se sont respectivement prononcé en juin 2019 et juillet 2021 en faveur de l'extradition du mis en cause suivant les recours à eux adressés.

[68] *« La Cour a décidé d'indiquer au gouvernement français, en vertu de l'article 39 »* du règlement de la CEDH qui régit les *« mesures provisoires »*, que M. Compaoré *« ne devrait pas être extradé vers le Burkina Faso pendant la durée de la procédure devant la Cour ».*

[69] Arrêt. C.J.U.E, *Affaire COMPAORÉ c. France* du 07 septembre 2023, (Requête no 37726/21).

Partant du constat de la complexité et de la lourdeur de l'extradition classique, l'Union européenne est parvenue aujourd'hui par le Mandat d'arrêt européen, à révolutionner la procédure d'extradition.[70]

B- De l'extradition simplifiée : l'exemple du mandat d'arrêt européen

Le MAE a été introduit en Europe par une décision-cadre adoptée le 13 juin 2002. Les États membres furent tenus de s'y conformer au plus tard le 31 décembre 2003. Depuis le 4 janvier 2004 il est d'application dans l'espace européen et remplace à ce titre la procédure classique de l'extradition entre les Etats membres. Au sens de l'Art. 1er, paragraphe 1, de la décision-cadre, le MAE est une décision émanant d'une autorité judiciaire dans un État membre de l'UE en vue de l'arrestation d'une personne dans un autre État membre et de sa remise pour l'exercice de poursuites pénales ou l'exécution d'une peine ou d'une mesure de sûreté privatives de liberté prononcées dans le premier État. L'autorité judiciaire est entendue au sens large suivant la jurisprudence de la Cour de justice l'UE dans ses arrêts rendus dans *les affaires C 452/16 PPU, Poltorak*[71]*, et C 477/16 PPU, Kovalkovas*[72] mais elle ne semble pas favorable aux autorités qui ont un rattachement direct avec l'exécutif comme la police. Le MAE innove par la simplification de sa procédure en adoptant le principe de

---

[70] J. PRADEL, « *Le mandat d'arrêt européen, premier pas vers une révolution copernicienne dans le droit français de l'extradition* », Rev. Droit et patrimoine, 2004, p. 1392

[71] Arrêt. C.J.U.E, du 10 novembre 2016, Poltorak, C-452/16 PPU, ECLI:EU:C:2016:858.

[72]Arrêt. C.J.U.E, du 10 novembre 2016, Kovalkovas, C-477/16 PPU, ECLI:EU:C:2016:861.

la reconnaissance mutuelle.[73] Il se distingue fondamentalement de l'extradition à plusieurs égards. Il prévoit une procédure accélérée en l'encadrant dans des délais rigoureux[74] mais aussi en « judiciarisation » la remise qui ne relève plus de l'exécutif, mais du pouvoir judiciaire.[75] En outre, l'exigence de la double incrimination est désormais inopérante dans plusieurs cas précis.[76] Aussi, la nationalité n'est plus un motif de refus de remise sauf à demander une certaine garantie.[77]

Suivant le rapport de 2020 portant évaluation générale de la mise en œuvre du mandat d'arrêt européen, il en est ressorti qu'il est un « *instrument efficace pour combattre la criminalité transfrontière grave et pour traduire en justice les auteurs d'infractions pénales graves au sein de l'État membre dans lequel des procédures pénales ont été engagées ou sont en cours ».*[78] *C'est en ce sens qu'il est*

---

[73] G. KERCHOVE et A. WEYEMBERGH, *la confiance mutuelle dans l'espace pénal européen*, Bruxelles, 2005, Editions de l'Université de Bruxelles, p.158

[74] La décision finale concernant l'exécution du mandat d'arrêt européen doit être rendue dans un délai maximal de 90 jours suivant l'arrestation de la personne requise. Si cette personne consent à sa remise, la décision doit être rendue dans les 10 jours suivant l'assentiment de l'intéressé.

[75] L. MOREILLON et A. WILLI-JAYET, *La coopération judiciaire pénale dans l'Union européenne*, op.cit., 279.

[76] Dans les États membres de l'UE, le principe de double incrimination n'est plus applicable pour 32 infractions énumérées, passibles d'une peine maximale d'au moins trois ans de prison et définies par la législation de cet État. Dans les autres cas, le principe de double incrimination demeure applicable.

[77] Les Etats peuvent subordonner l'exécution à une garantie selon laquelle, après condamnation, la personne requise sera renvoyée à l'État dont elle a la nationalité pour y purger sa peine.

[78] Observatoire législatif Parlement européen, *Mise en œuvre du mandat d'arrêt européen et des procédures de remise entre États membres*, 2019/2207(INI) - 08/12/2020, disponible à

qualifié de « véritable révolution copernicienne »[79], un saut qualitatif dans la coopération judiciaire. A la suite de la coopération extraditionnelle, on a celle non-extraditionnelle qui partage presque les mêmes difficultés.

Paragraphe II : La coopération judiciaire non-extraditionnelle

Par coopération judiciaire non-extraditionnelle, on entend l'entraide pénale au sens large par opposition à l'extradition. Elle regroupe plusieurs mécanismes de l'entraide classique (**A**). Mais face à la montée croissante de la criminalité transnationale, des formes contemporaines de l'entraide (**B**) ont été développées pour répondre efficacement au phénomène.

A- L'entraide pénale classique

Cette forme de coopération va de « *l'entraide accessoire* » ou « *petite entraide* »[80] à l'exécution des jugements étrangers en passant par la délégation des poursuites.[81]

L'entraide accessoire vise toutes les mesures utiles à l'avancement de l'enquête pénale ouverte dans un Etat donné. Autrement dit, il s'agit d'un mécanisme par

---

https://oeil.secure.europarl.europa.eu/oeil/popups/summary.do?id=1642699&t=e&l=fr

[79] J. PRADEL, « *Le mandat d'arrêt européen, premier pas vers une révolution copernicienne dans le droit français de l'extradition* », Rev. Droit et patrimoine, 2004, p. 1392

[80] L. MOREILLON, *Entraide internationale en matière pénale*, Bâle, Helbing Lichtenhahn, 2004, p. 182

[81] R. ZIMMERMANN, *la coopération judiciaire internationale en matière pénale*, op.cit., p.7.

lequel les Etats coopèrent entre eux aux fins d'obtenir des preuves nécessaires à la conduite des enquêtes, des poursuites, de l'instruction et du jugement. Elle peut s'intéresser également à la récupération du produit de l'infraction ou du recouvrement des avoirs criminels.[82] Concrètement, il s'agira notamment des perquisitions et saisies des pièces à conviction, des auditions et confrontations des personnes et des expertises.[83] En générale, l'entraide s'exerce par des demandes formulées à l'endroit de l'Etat requis, à travers des demandes d'entraide pénales et des CRI.

Quant à **la délégation de poursuite**, elle résulte d'une volonté concertée des Etats coopérants, à donner une réponse efficace à la poursuite des faits criminels transnationaux. Pour *Robert ZIMMERMANN,* elle « consiste pour l'Etat requérant compétent pour exercer l'action pénale, à déléguer cette tâche à l'Etat requis par opportunité ou pour le meilleur reclassement social de la personne poursuivie ».[84] Ce mécanisme procède donc d'une vision axée sur l'efficacité et non la simple possibilité de poursuite des faits en cause. Elle demande donc de la part des Etats coopérants une certaine compréhension des enjeux des dossiers au-delà des aspects techniques.[85]

S'agissant de **l'exécution des décisions pénales étrangères**, elle est directement liée au principe de la

---

[82] Ibid.

[83] Voir Art. 138 de la loi n° 016-2016/AN du 03 mai 2016, relative à la lutte contre le blanchiment de capitaux et le financement du terrorisme au Burkina Faso.

[84] R. ZIMMERMANN, *la coopération judiciaire internationale en matière pénale*, op.cit., p.7.

[85] L. MOREILLON, *Entraide internationale en matière pénale*, op. cit, p. 36-38.

reconnaissance mutuelle[86] des décisions de justice entre Etats. Cette dernière implique selon les termes conventionnelles, qu' « une décision judiciaire d'un État membre doit recevoir effet dans tout État membre sans y être subordonné à des conditions additionnelles de conformité avec l'ordre juridique de l'État membre d'accueil ».[87] En se fondant sur ce principe, l'exécution des décisions pénales étrangères, consiste pour un Etat requis, à faire purger par le condamné qui réside sur son territoire, une peine prononcée par les autorités de l'Etat requérant ou tous autres aspects de ces décisions. En droit pénal international, l'exécution d'une décision étrangère n'est pas directe, car elle est soumise à « une procédure d'acceptation de la décision étrangère », en l'occurrence l'*exequatur*.[88] Cependant, suivant certaines conventions, les décisions judiciaires pénales entre Etats membres peuvent avoir un effet direct. C'est le cas dans l'Union européenne.[89] Néanmoins, la reconnaissance mutuelle connaît toutefois des difficultés de mise en œuvre, liées notamment à la défiance que peuvent avoir les Etats membres envers les systèmes judiciaires étrangers dont l'harmonisation apparaît comme une nécessité. Du reste,

---

[86] G. TAUPIAC-NOUVEL, *Le principe de reconnaissance mutuelle des décisions répressives dans l'Union européenne : contribution à l'étude d'un modèle de libre circulation des décisions de justice*, Collection des
Thèses, n° 50, Fondation Varenne, LGDJ, 2011, p. 33.

[87] G. VERNIMMEN-VAN TIGGELEN, « À propos de la reconnaissance mutuelle des décisions sentencielles en général » in *L'avenir de la reconnaissance mutuelle en matière pénale dans l'Union européenne*, Bruxelles, éd. De l'Université de Bruxelles, institut d'études europénnes, 2009, p. 170.

[88]R. ZIMMERMANN, *La coopération judiciaire internationale en matière pénale*, LGDJ, Bruylant, 3e éd., 2009, p. 713.

[89] C. GODEBERGE, *La coopération judiciaire en matière pénale après le Traité de Lisbonne*, mémoire Master Droit pénal et sciences pénales, Université PHANTEON-ASSAS, 2013, p.18

la reconnaissance mutuelle demeure un principe catalyseur de l'avènement des formes contemporaines de l'entraide.

B- Les formes contemporaines de l'entraide

La quête d'un espace de sécurité et de justice a conduit les pays de l'union européenne à l'amélioration de leurs outils d'entraide pénale. Ainsi, à l'instar du MAE, des nouvelles formes d'entraide telles que les équipes communes d'enquête, la décision d'enquête européenne, ont été développées pour apporter plus de célérité et de dynamisme dans la coopération.

Les équipes communes d'enquête (ECE), sont à l'entraide ce que le mandat d'arrêt européen est à l'extradition. Elles constituent « *une des formes nouvelles les plus prometteuses de la coopération internationale contre la criminalité transnationale* »[90], en réponse aux défis actuels de l'entraide pénale. Leur analyse dans les chapitres qui suivent constitue le cœur du présent ouvrage.

La décision d'enquête européenne (DDE) est un mécanisme de coopération assez récent de l'UE, adopté suivant une directive européenne du 3 avril 2014.[91] Elle devrait être transposée par les États membres dans leur ordre juridique interne au plus tard le 22 mai 2017.[92] Selon l'article premier de la directive, « *la décision d'enquête européenne est une décision judiciaire qui a été émise ou validée par une autorité judiciaire d'un État membre afin de faire exécuter une ou plusieurs mesures d'enquête*

[90] I. BADO, *module de formation des Magistrats sur la coopération judiciaire internationale*, Koudougou, Juillet 2023, Inédit.

[91] Directive 2014/41/UE du Parlement européen et du Conseil du 3 avril 2014 concernant la décision d'enquête européenne en matière pénale, J.O., n° L. 130 du 1er mai 2014, p. 1

[92] En France elle a été effective par l'ordonnance n° 2016-1636 du 1 er décembre 2016 relative à la décision d'enquête européenne en matière pénale.

spécifiques dans un autre État membre, en vue d'obtenir des preuves conformément à la présente directive ». La DDE est intervenue suite au constat de l'exécution aléatoire des commissions rogatoires internationales aux fins de recueil de preuves[93] et surtout à l'échec du mandat européen d'obtention de preuves.[94] La décision cadre y relative n'a été transposée que dans quelques États membres et cet outil n'a pratiquement pas été utilisé.[95] Désormais, le champ de l'obtention de la preuve est couvert par la DDE,[96] fondée sur le principe de la reconnaissance mutuelle. Ceci signifie que l'autorité d'exécution est tenue de reconnaître la demande et d'en assurer l'exécution. Les mesures d'enquête peuvent concerner notamment, l'audition des témoins, les écoutes téléphoniques et l'obtention d'informations relatives aux transactions bancaires. Tous ces mécanismes évoqués sont encadrés par des instruments juridiques divers qui en constituent les fondements.

---

[93] D. FLORE, *Droit pénal européen*, 2e éd., Bruxelles, Larcier, 2014, p. 560.

[94] M. GIACOMETTI, S. NEVEU, *La décision d'enquête européenne : un nouvel instrument destiné à révolutionner la récolte de preuves au sein de l'UE ?*, *Revue de Droit Pénal et de Criminologie*, Vol. 2016, p. 861-910.

[95] M. MARTY, « *Un exemple de décision nouvelle : la décision d'enquête européenne – Vers la judiciarisation aboutie de la coopération judiciaire dans l'Union européenne* ? », Jurisdoctoria, 2011, pp. 105-128, spéc. p. 114.

[96] C. BRIEGE S. DE BIOLLEY, « Chronique de droit pénal européen », J.D.E., 2014, pp. 215-224, spéc. p. 219.

Section II : De la diversité des fondements juridiques de la coopération judiciaire

La coopération judiciaire en tant que rapport interétatique, est basée sur des normes touchant à plusieurs branches du droit. Il s'agit notamment du droit international public, du droit pénal, aussi bien national, qu'international, de la procédure pénale, du droit constitutionnel, etc.[97] Cette pluridisciplinarité de la matière la rend parfois complexe. Néanmoins, ses fondements juridiques, peuvent être appréhendés sous l'angle des actes juridiques formels (**Paragraphe 1**) mais aussi sur les principes généraux qui la gouvernent (**Paragraphe 2**).

Paragraphe I : Les bases juridiques formelles de la coopération judiciaire

Les normes régissant la coopération judiciaire pénale internationale sont de deux ordres. D'une part, nous avons des normes du droit international constituées essentiellement des traités (**A**). Elles fixent généralement les règles de fond applicables à la coopération. D'autre part, l'essentiel des conditions procédurales d'exécution des actes sont définies par le droit interne (**B**).[98]

---

[97] R. ZIMMERMANN, *la coopération judiciaire internationale en matière pénale*, op.cit., p.9.
[98] L. MOREILLON, *Entraide internationale en matière pénale*, op. cit, p. 36-38.

A- Le droit international

Au plan international, les fondements de la coopération se trouvent dans le droit international général[99] et spécifiquement dans les nombreuses conventions relatives à l'entraide judiciaire et à l'extradition auxquelles les Etats en sont parties. Elles se subdivisent en conventions multilatérales, régionales et bilatérales.

Les premières concernent les traités thématiques à caractère universel, élaborés sous l'égide de l'ONU ou d'autres forums universels, ouverts à la ratification des Etats.[100] A titre illustratif, nous avons la Convention contre la criminalité transnationale organisée,[101] la Convention contre le trafic illicite de stupéfiants et de substances psychotropes[102] et la Convention des Nations Unies contre la corruption[103]. Ces instruments contiennent chacun, plusieurs mécanismes de coopération judiciaire et servent de fondements juridiques pour les Etats parties. Bien plus, l'ONU a adopté quatre traités-types[104] concernant

---

[99] N. QUOC DINH, P. DAILLIER, A. PELLET, *Droit international public*, Paris, 2002, p. 218-220.

[100] Ibid. note 233/234.

[101]Cette convention a été signée le 15 novembre 2000 et entrée en vigueur le 29 septembre 2003.

[102] Convoquée par l'ONU, elle fut ratifiée le 20 décembre 1988 à Vienne.

[103] La Convention des Nations Unies contre la corruption est entrée en vigueur le 14 décembre 2005.

[104] Afin d'aider les États Membres à comprendre les dispositions figurant dans les instruments universels, à rédiger de nouveaux textes de loi conformes aux exigences posées dans ces instruments et à renforcer la coopération internationale dans la lutte contre le terrorisme, l'UNODC a mis au point un certain nombre d'outils d'assistance technique dont un *Manuel matière de la coopération internationale (2012)*. Ce manuel a été élaboré pour aider les praticiens à tirer efficacement et rapidement parti des mesures de

respectivement l'extradition, l'entraide judiciaire, la délégation de poursuite pénales et la remise de personnes condamnées.[105]

Les conventions régionales, quoiqu'elles pourraient toucher des thématiques à caractère universel, se limitent à l'espace géographique d'une région donnée. Ainsi, au plan régional ouest-africain, nous pouvons citer les conventions CEDEAO n°AJP.1FT/92 du 29 juillet 1992 relative à l'entraide judiciaire en matière pénale et celle n°A/P1/8/94 du 06 août 1994 relative à l'extradition. Au plan européen, au-delà des conventions générales telles que la convention d'entraide judiciaire européenne du 29 mai 2000, nous pouvons retenir certaines plus spécifiques à certains domaines de la coopération. Il s'agit notamment de la Décision-cadre 2002/584/JAI du conseil européen, du 13 juin 2002, relative au mandat d'arrêt européen (MAE) et celle 2009/948/JAI du conseil du 30 novembre 2009 relative à la prévention et au règlement des conflits en matière d'exercice de la compétence dans le cadre des procédures pénales.

Les conventions bilatérales quant à elles s'intéressent aux rapports que deux Etats se réservent sur une thématique donnée. En la matière, au nom de la souveraineté étatique, chaque Etat est libre de consentir des normes de coopération judiciaire plus souples en fonction des enjeux. D'un Etat à l'autre, ces rapports sont

---

coopération internationales, telles que l'extradition et l'entraide judiciaire, ainsi que pour leur donner des conseils pratiques concernant les problèmes et obstacles qu'ils pourraient rencontrer. Il peut également être utilisé comme outil pédagogique pour la formation des praticiens du droit à la lutte contre le terrorisme.

[105]. Voir le Manuel explicatif des Traités types : The revised Manuals on the Model Treaties on Extradition and Mutual Assistance in Criminal Matters, Document E/CN.15/2004/5. http://www.un.org/documents/ga/res/45/a45r116.htm consulté le 18 octobre 2023.

divers. Par exemple en matière de transmission des actes de coopération, les canaux privilégiés ne sont pas les mêmes d'une convention bilatérale à l'autre. Dans ce sens, alors que la Convention relative à l'entraide judiciaire en matière pénale entre le Gouvernement du Burkina Faso et le Gouvernement du Royaume du Maroc du 04 septembre 2018[106] prévoit une transmission par voie diplomatique, la convention générale de coopération en matière de justice entre la République du Mali et la République de Côte d'Ivoire du 11 novembre 1964[107] prévoit une transmission directe entre autorités judiciaires à autorités judiciaires. Par ces instruments juridiques, les Etats sont plus disponibles à s'accorder mutuellement, plus de facilités dans la coopération que dans les instruments régionaux ou multilatéraux. Aussi, prennent-ils des mesures internes visant à définir notamment les modalités pratiques de la coopération.

B- Le droit interne

Quant au droit interne de la coopération judiciaire, il est constitué essentiellement des règles relatives aux conditions matérielles et procédurales liées à la coopération. Ces textes sont en générale contenus dans les codes pénaux et de procédure pénales. Aussi, certaines lois thématiques peuvent-elles contenir des dispositions relatives à la coopération judiciaire. C'est le cas de la Cote d'Ivoire et du Burkina Faso pour lesquels les lois relatives à la lutte contre le terrorisme et le blanchement des capitaux réservent une « entraide la plus large possible » à la coopération. A titre illustratif, la loi n° 016-2016/AN du 03 mai 2016, relative à la lutte contre le blanchiment de capitaux et le financement du terrorisme au Burkina Faso,

---

[106]Art. 12
[107]Art. 13

prévoit en son « *titre VI* » relatif à « *la coopération internationale* », plusieurs mécanismes de coopération judiciaire avec leurs modalités pratiques. Avec ces efforts législatifs, forts remarquables, l'objectif du droit interne est d'offrir autant que possible, une base juridique solide à la coopération.

Aussi, au-delà des règles formelles qui viennent d'être exposées, la coopération judiciaire est-elle régie par des principes généraux de droit.

Paragraphe II : les principes généraux régissant la coopération judiciaire

Les principes généraux en droit, sont des règles de portée générale qui s'appliquent même en l'absence de texte.[108] Aujourd'hui, ils sont pour la plupart, consacrés dans les textes formels tels que les traités bilatéraux, régionaux ou multilatéraux relatifs à l'extradition ou à l'entraide judiciaire. Nous en avons en nombre important, mais dans le cadre de cet ouvrage, nous nous attarderons sur certains principes classiques (**A**) avant d'aborder d'autres, un peu plus contemporains (**B**), mis en avant par les instruments juridiques modernes militant en faveur d'une coopération renforcée.

A- Les principes classiques

Au nombre des principes généraux les plus évoqués en matière de coopération judiciaire nous

---

[108] L'expression « principes généraux du droit » a été consacrée en droit français par un arrêt célèbre du Conseil d'Etat français, *Ass*, 26 octobre 1945, *Aramu* et autres à propos du principe des droits de la défense. Le Tribunal des conflits avait été le premier à utiliser l'expression dans son arrêt du 8 février 1873 *Dugare*.

retiendrons : la double incrimination, la réciprocité et la règle de la spécialité.[109]

Le principe de la double incrimination[110] est un « critère d'application des conventions d'entraide et de coopération internationales en matière pénale selon lequel le fait visé par les conventions doit être punissable aux termes des lois pénales des Etats parties »[111]. Autrement appelée de « *double punissabilité* »[112], elle constitue un motif de refus de coopération si l'infraction poursuivie dans l'Etat requérant n'est pas punissable dans l'Etat requis.[113] La condition de la double incrimination est constamment rappelée dans la majorité des traités et textes nationaux.[114] Cependant, dans l'Union européenne, dans le cadre du Mandat d'arrêt européen, elle n'est plus applicable pour 32 infractions énumérées, passibles d'une peine maximale d'au moins trois ans d'emprisonnement.[115]

Quant au ***principe de la spécialité,*** il fait interdiction à un Etat bénéficiaire d'un mécanisme de coopération judiciaire, d'utiliser les éléments de ce mécanisme dans une procédure étrangère à celle qui avait

---

[109] R. ZIMMERMANN, *la coopération judiciaire internationale en matière pénale*, op.cit., p.385.

[110] F. LUGENTZ, « *L'entraide judiciaire internationale active en matière pénale et la recherche des avoirs criminels* ». In: Damien Vandermeersch et autres, Droit pénal en questions, Anthemis : Bruxelles 2013, p. 56.

[111]A-M. LA ROSA, *Dictionnaire de droit international pénal*, op.cit., p.35.

[112] L. MOREILLON, *Entraide internationale en matière pénale*, op. cit., note 588-627.

[113] R. ZIMMERMANN, *la coopération judiciaire internationale en matière pénale*, op.cit., p.392.

[114] Convention Européenne d'extradition, Paris, 13 décembre 1957, *S.T.E.* № 24.

[115] ONUDC, *Manuel sur l'entraide judiciaire et l'extradition*, New York, 2012, p.20.

prévalu à la coopération.[116] Il répond à une logique de loyauté des sources et de leur utilisation saine. Le principe de la spécialité s'impose à tout Etat requérant et à tout Etat tiers qui pourrait avoir ultérieurement connaissance des renseignements par son entremise. Concrètement, en matière d'entraide, le principe de spécialité a pour effet de limiter l'usage des documents et des renseignements par l'Etat requérant. Ce qui voudrait dire que tout usage autre que la procédure, doit être préalablement consenti par l'Etat requis. Dans le cadre de l'extradition, il signifie qu'un individu extradé, ne sera jugé, ni détenu en vue de l'exécution d'une peine ou de toute autre mesure, pour un fait quelconque antérieur à la remise, hormis celui qui a motivé l'extradition.[117] Notons cependant que la règle de la spécialité n'est pas absolue. Les parties peuvent dans le cadre des conventions bilatérales prévoir des clauses dérogatoires à ce principe. C'est le cas de l'accord ECE qui peut autoriser l'usage ultérieur des informations obtenues dans ce cadre (*voir infra*).
S'agissant du ***principe de la réciprocité***, il est une notion large, présente depuis longtemps dans les relations interétatiques en matière de droit international et diplomatique. Il peut être appréhendé comme une assurance qu'un État requérant donne à un État requis, de lui fournir dans le futur, la même aide qu'il a pu recevoir. Par exemple, un Etat en sollicitant l'extradition sur la base de la réciprocité, s'engage du même coup à rendre autant à un autre Etat qui répond favorablement à sa demande. Cette assurance de la réciprocité, en pratique, peut être exprimée sous la forme d'une note diplomatique, jointe à la demande de coopération ou dans le corps même de la

---

116 B. BOULOC, *le principe de la spécialité en droit pénal international*, in Mélanges Holleaux, Paris, 1990, p. 7 ss.
117 T. VOGLER, *The rule of speciality in Extradition Law*, RIDP, 1991, p.231 ss.

requête à moins que le droit ou la pratique nationale n'en dispose autrement. Le principe de réciprocité s'avère d'un grand recours en matière de coopération judiciaire internationale, dans laquelle il fonde les exécutions des demandes d'extradition, d'entraide, et de transfert en l'absence de traité formel.[118] Aujourd'hui, on note une raréfaction de la notion de principe de réciprocité dans les conventions internationales modernes car elles ont « précisément pour but de fonder la coopération internationale sur une base stable qui se passe de telles déclarations ».[119] Néanmoins, ce principe dans la pratique reçoit une mention persistante dans les commissions rogatoires et les demandes d'extradition, tant en présence ou en l'absence de convention de coopération. Sa mention dans une requête qui a un fondement conventionnel participe plus à un argument de courtoisie et d'assurance aux fins de la réussite de la requête qu'à sa légalité.

---

[118] *Affaire Ramankhan M.F. V. the Commissioner of prisons, 2002* : « Un individu réclamé par l'Angleterre a contesté son extradition en arguant notamment qu'il n'y avait pas de traité d'extradition entre l'Angleterre et Maurice et que l'extradition n'était pas possible sans traité. La Cour suprême de Maurice a souligné qu'après l'indépendance, Maurice avait maintenu deux régimes séparés d'extradition, l'un avec les pays du Commonwealth, l'autre avec les pays étrangers. Elle a considéré que, s'il y avait besoin d'un traité d'extradition entre Maurice et un pays étranger, il n'y avait pas besoin d'un tel traité entre Maurice et l'Angleterre, qui sont deux pays du Commonwealth, et que la demande d'extradition pouvait être basée sur la réciprocité dans la mesure où chaque pays avait une législation nationale qui régissait l'extradition ». ONUDC, *la coopération internationale en matière pénale contre le terrorisme*, New York, juillet 2011. p. 50.

[119] R. ZIMMERMANN, *la coopération judiciaire internationale en matière pénale*, *op.cit.*, p.390.

B- Les principes contemporains à l'aune de la coopération renforcée

Sous l'impulsion d'une coopération dynamique et efficace face au développement de la criminalité transnationale organisée, deux principes sont catalyseurs sous cette dynamique : le principe d'extrader ou de juger et le principe de la reconnaissance mutuelle.

Le principe Aut dedere, aut judicare, est une obligation imposée à l'Etat sur le territoire duquel se trouve l'auteur présumé d'un crime de l'extrader (aut dedere) ou de le juger (aut judicare). C'est une règle au centre du système de compétence et de coopération étatiques en matière pénale. Par exemple, elle est contenue dans presque toutes les conventions internationales et régionales organisant la répression des actes terroristes.[120] Pour la doctrine, « cette obligation a pour but notamment d'éviter l'impunité et de faire en sorte que les individus qui sont responsables de crimes particulièrement graves, soient traduits en justice et, qu'à cette fin, existe une juridiction pénale pour les poursuivre et les punir ».[121] Selon l'article 8 de la Convention internationale pour la répression des attentats terroristes à l'explosif (1997) : « … *L'Etat partie sur le territoire duquel se trouve l'auteur présumé de l'infraction est tenu, s'il ne l'extrade pas, de soumettre l'affaire, sans retard excessif et sans aucune exception, que l'infraction ait été ou non commise sur son territoire, à ses autorités compétentes pour l'exercice de l'action pénale selon une procédure conforme à la législation de cet Etat. Ces autorités prennent leur décision dans les mêmes conditions que pour toute autre*

---

[120] G. GUILLAUME, « Terrorism and International Law », *I.C.L.Q.* Vol. 53, juillet 2004, p. 542.

[121] A-M. LA ROSA, *Dictionnaire de droit international pénal*, op.cit., p.1-5.

infraction de caractère grave conformément aux lois de cet Etat ». Il s'agit d'une règle qui témoigne de la volonté de la communauté internationale, de s'assurer d'une réponse certaine des Etats aux faits criminels, de telle sorte à faire une barrière commune à l'impunité. Dans ce sens, pour certaines infractions graves comme le terrorisme, une obligation d'établir sa compétence, au sujet de la compétence universelle, est faite à l'endroit des Etats.[122]

Quant au ***principe de la reconnaissance mutuelle***, il constitue une méthode de coopération partant du postulat que les décisions de justice, au sens large, doivent être reconnues et exécutées par les États à l'image de ce qui se fait au plan interne de chaque État.[123] Ce principe a une consécration récente en l'occurrence par le législateur européen qui en fait « une pierre angulaire » dans son espace. Il l'a affirmé lors du conseil européen de Tampere de 1999[124] sans pour autant la définir, même rappelé plus tard dans le traité de Lisbonne.[125] Néanmoins, une esquisse de définition est donnée par la Commission

---

[122] A ce sujet, les crimes graves et *jus cogens* comme le génocide, les crimes de guerre, les crimes contre l'humanité et la torture, ainsi que les crimes en droit national comme la prise d'otages, les attaques visant des diplomates, le détournement d'avions, la destruction d'avions et le terrorisme qui préoccupent tous les États, peuvent faire l'objet de la compétence universelle. Voir Z. GALICKI, *Rapport préliminaire sur l'obligation d'extrader ou de poursuivre « aut dedere aut judicare »*, CN.4/571, Rapporteur spécial, 12 juillet 2006, p.6, § 20.

[123] K. MEHTIYEVA, *La notion de coopération judiciaire*, op.cit., p. 189.

[124] Conseil de Tampere, 15 et 16 octobre 1999, conclusions de la présidence, SN 200/99, § 33.

[125] L'article 67 §3 du traité de Lisbonne prévoit que : « L'Union œuvre pour assurer un niveau élevé de sécurité (…) par des mesures de coordination et de coopération entre autorités policières et judiciaires et autres autorités compétentes, ainsi que par la reconnaissance mutuelle des décisions judiciaires en matière pénale (…). ».

européenne. Pour elle, la reconnaissance mutuelle consisterait à donner plein effet à une décision étrangère en dehors de l'État dans lequel elle a été prise.[126] Suivant cette logique, Henry DONNEDIEU DE VABRES estime que la coopération judiciaire serait impensable si les États tiennent pour nulles les décisions prononcées par les tribunaux répressifs des autres.[127] La mise en œuvre du principe de la reconnaissance mutuelle implique donc la confiance mutuelle qui requiert un degré élevé d'ouverture des États les uns vers les autres.[128] C'est cette « émergence de la reconnaissance mutuelle comme méthode de coopération judiciaire »[129] en matière pénale, qui a prévalu à l'avènement des mécanismes contemporains de coopération judiciaire renforcée, tels que les équipes communes d'enquête qu'il convient à présent d'examiner leur efficacité.

---

[126] Communication de la Commission européenne du 26 juillet 2000 sur *la reconnaissance mutuelle des décisions finales dans le domaine pénal*. COM (2000) 495 final, 26 juillet 2006.

[127] H. DONNEDIEU DE VABRES, *les principes modernes du droit pénal international*, op.cit., p.303.

[128] G. TAUPIAC-NOUVEL, *Le principe de reconnaissance mutuelle des décisions répressives dans l'Union européenne : contribution à l'étude d'un modèle de libre circulation des décisions de justice*, LGDJ, 2011, p. 33 ; D. REBUT, « Les effets des jugements répressifs », *Les effets des jugements nationaux dans les autres États membres de l'Union européenne*, Bruxelles, Bruylant, 2001, p. 177 et ss.

[129] K. MEHTIYEVA, *La notion de coopération judiciaire*, op.cit., p.189.

TITRE I :

LES EQUIPES COMMUNES D'ENQUETE, UN MECANISME EFFICACE DE COOPERATION

L'efficacité, suivant le petit Larousse,[130] renvoie à l'idée de productivité, d'action utile d'une personne ou d'un organisme. Du point de vue juridique, le *Dictionnaire encyclopédique de théorie et de sociologie du droit* l'appréhende comme « un mode d'appréciation des conséquences des normes juridiques et de leur adéquation aux fins qu'elles visent »[131]. De ce point de vue, on peut en déduire qu'une norme juridique est efficace lorsqu'elle est adaptée aux fins poursuivies. Par exemple, à l'issue d'une réforme, l'efficacité reviendrait à s'interroger si cette réforme a atteint les objectifs qu'elle s'était fixée. Appliqué au mécanisme des ECE, l'exercice consiste à se demander si celui-ci permet d'atteindre les objectifs de célérité et de proactivité dans les investigations transnationales.

Pour répondre à cette question, deux approches nous semblent nécessaires. Une théorique, qui s'intéresse au régime juridique du mécanisme et l'autre, pratique, qui examine l'état des lieux de la pratique de ce mécanisme. La première, démontre que les équipes communes d'enquête sont construites suivant un régime juridique innovant (**Chapitre I**), qui opère une rupture

[130] P. LAROUSSE, *Dictionnaire Larousse poche*, Paris, Larousse, 2017 v. Efficacité.

[131] A.-J. ARNAUD (dir.), *Dictionnaire encyclopédique de théorie et de sociologie du droit*, L.G.D.J., 1993, V° Efficacité.

fondamentale d'avec le droit de l'entraide classique. La seconde, à travers une analyse de la pratique judiciaire et au regard des résultats engrangés, permet de déduire qu'il répond efficacement aux besoins des praticiens dans la répression de la criminalité transnationale organisée et du terrorisme (**Chapitre II**).

CHAPITRE I

LE REGIME JURIDIQUE INNOVANT DES EQUIPES COMMUNES D'ENQUETE

Du point de vue de sa nature juridique, l'équipe commune d'enquête est une procédure judiciaire qui procède par une convention bilatérale ou multilatérale ponctuelle[132], entre plusieurs ordres juridiques dont l'objectif est le rassemblement des preuves des infractions ayant des éléments d'extranéité.[133] De ce point de vue, sa mise en œuvre touche au droit international public, en ce sens qu'il met en relation plusieurs Etats souverains. Aussi, cette procédure se distingue-t-elle des autres formes contemporaines de coopération judiciaire qui lui sont voisins. Il s'agit tout d'abord de la coopération policière qui peut consister uniquement aux simples renseignements ou d'échanges de données en dehors de tout dossier judiciaire. Ensuite, elle se distingue du mandat d'arrêt européen (MAE)[134] qui vise plutôt l'arrestation et la remise d'une personne recherchée. Enfin, quoique l'ECE

---

[132] Mais l'ECE est une convention assez exceptionnelle par les circonstances de sa signature et les finalités auxquelles elle aspire.

[133] S. VUELTA-SIMON, « Dernières nouvelles des équipes communes d'enquête : entre partage et souveraineté... », op.cit, pp.268-269.

[134] J. PRADEL, « Le mandat d'arrêt européen, premier pas vers une révolution copernicienne dans le droit français de l'extradition », *Rev. Droit et patrimoine*, 2004, p. 1392.

vise la recherche de preuves à l'image de la décision d'enquête européenne (DEE)[135], elle s'en distingue cependant par ses caractères conventionnel et coordonné. La DEE n'étant qu'une forme accélérée de la CRI émanant d'une autorité judiciaire d'un Etat en vue de la recherche de preuves dans un autre Etat[136].

En analysant son système de fonctionnement, on peut retenir que l'ECE a un régime juridique dynamique qui opère une rupture fondamentale d'avec le droit de l'entraide classique tant dans sa constitution (**Section I**) que dans son fonctionnement (**Section II**).

Section I : Une constitution de l'équipe opérant une rupture avec l'entraide traditionnelle

Contrairement à l'entraide classique dans laquelle le politique occupe une place de choix dans la coordination de la coopération, l'ECE consacre une « autonomie » des acteurs judiciaires pour entreprendre une coopération directe entre praticiens. Ainsi, dans une recherche d'efficacité, l'initiative de la conclusion d'une ECE et la coordination des opérations subséquentes, sont pleinement du pouvoir de ces acteurs (**Paragraphe 1**). En outre, pour des nécessités de célérité, ces opérations sont soutenues par une simplification des canaux d'échanges entre les parties (**Paragraphe 2**).

---

135 N. ALOUPI, « La décision d'enquête européenne, un mandat européen pour la recherche de preuve », *RGDIP*, 2013, p. 677.

136 M. GIACOMETTI, S. NEVEU, « La décision d'enquête européenne : un nouvel instrument destiné à révolutionner la récolte de preuves au sein de l'UE ? », *Revue de Droit Pénal et de Criminologie*, Vol. 2016, p. 861-910.

Paragraphe 1 : La consécration de la plénitude de pouvoir des autorités répressives

Dans une vision dynamique d'atteindre l'objectif d'une coopération judiciaire renforcée, le choix a été porté sur les autorités répressives pour entreprendre la mise en place d'une ECE et en coordonner les investigations. Ceci permet une négociation directe de l'accord ECE entre autorités en charge des dossiers (**A**), avec une approche pragmatique dans le choix des membres de l'équipe (**B**).

A- La mise en relation directe entre « acteurs judiciaires »

Pour enclencher une coopération par les équipes communes d'enquête, la convention du 29 mai 2000[137], l'instrument communautaire d'entraide européenne, en pose les conditions générales. Tout naturellement, il faut l'expression de volonté de part et d'autre, par « un commun accord » entre « les autorités compétentes ». Toutefois, le texte communautaire ne donne pas de précisions quant à la qualité de ces « autorités compétentes ». Est-ce des autorités judiciaires ou policières ? visiblement le texte communautaire a entendu laisser le soin à chaque Etat d'en décider au regard de son droit interne[138]. Dans la majorité des législations nationales, les autorités compétentes sont les autorités judiciaires[139], plus

---

[137] Art.13 paragraphe premier de la Convention européenne d'entraide Judiciaire en matière pénale.

[138] F. CHAREYRON, *Équipes communes d'enquête et droit pénal français*, op.cit, p.24.

[139] En Espagne, par contre, les choses sont légèrement plus difficiles. Les autorités compétentes sont énumérées par la loi, parmi elles, se trouve le Ministère de l'intérieur, dans le cas où ne participerait pas à

précisément celles en charge des dossiers nécessitant une coopération renforcée.

En France par exemple, le code de procédure pénale[140] s'est voulu explicite en précisant qu'il s'agit d'une « autorité judiciaire » sans en donner plus de précisions. Néanmoins, il a été remédié à cette lacune par une circulaire en date du 23 mars 2009[141], qui précise qu'« une équipe commune d'enquête peut être créée à l'initiative, soit du Procureur de la République dans le cadre d'une enquête préliminaire ou de flagrance, soit du Juge d'instruction après ouverture d'une information judiciaire ».[142] Ainsi, dans la pratique française, tant l'une que l'autre de ces autorités peuvent constituer des ECE. Dans ce sens, la circulaire précitée recommande d'ailleurs la constitution de ces équipes à une « phase précoce, avant que des mises en examen n'aient été prononcées ». Ce qui traduit une incitation aux parquets à entreprendre la constitution de l'équipe sans attendre qu'une information soit ouverte.

Au demeurant, c'est l'acteur judiciaire en charge du dossier nécessitant d'aller à une ECE qui en prend l'initiative. Il contacte directement son/ses homologue(s) du (des) Etats concerné(s) pour discuter du bienfondé de constituer une ECE, de son contenu et de ses objectifs. Une fois l'accord négocié entre les autorités compétentes,

---

l'équipe commune d'enquête aucun juge ou membre du parquet-appelé la Fiscalia. Il n'est donc pas obligatoire qu'une autorité judiciaire crée l'équipe, Voy. C. FAUCHON, *L'expérience franco-espagnole en matière d'équipes communes d'enquête*, *op.cit.*, p. 13.

[140] Articles 695-2 et 695-3 du code de procédure pénale relatives aux équipes communes d'enquête.

[141] Plus largement, elle représente un véritable guide méthodologique destiné à appuyer l'action des magistrats et des enquêteurs souhaitant avoir recours à cet outil.

[142] Circulaire du 23 mars 2009, point 1.

il devra être approuvé par l'autorité centrale[143] pour que l'équipe puisse être opérationnelle puisqu'il s'agit en réalité d'un accord entre Etats. Notons que même si ce devoir d'approbation pourrait être vu comme une ingérence du politique dans les affaires judiciaires par certains auteurs[144], en pratique, cependant il s'agit en quelque sorte d'une simple homologation ou autorisation, qui du reste n'est qu'une formalité très assouplie.[145] D'ailleurs une telle autorisation se justifie à plusieurs égards. D'une part, l'ECE implique l'intervention des autorités étrangères sur le territoire national ce qui traduit plusieurs enjeux pour l'Etat d'intervention. D'autre part, cela permet à l'autorité centrale d'avoir une visibilité sur les accords de coopération.

S'agissant du bien-fondé de la constitution d'une ECE[146], il faut dire, d'emblée, que ce n'est pas véritablement la gravité de la criminalité qui est prise en compte, mais plutôt sa dimension transnationale. Deux hypothèses de création d'une ECE sont principalement

---

[143] L'autorité centrale diffère d'un pays à l'autre. Mais en général, c'est le ministère de la justice ou celui des affaires étrangères qui joue ce rôle.

[144] En effet pour Renaud VAN RUYMBEKE, Magistrat espagnol, ce passage par l'autorité centrale est comme anachronique au sein de l'UE où la coopération se fait maintenant directement de juge à juge, cité par C. FAUCHON, in L'expérience franco-espagnole en matière d'équipes communes d'enquête, op.cit, p. 17

[145] Les textes juridiques en l'état ne précisent pas la forme, la procédure et les délais d'obtention de cette autorisation. Néanmoins, logiquement elle devrait être écrite au regard notamment de certaines exigences légales (caractère écrit de l'instruction préparatoire). Aussi, devra-t-elle suivre une procédure simplifiée au regard des nécessités de diligences qu'impose le mécanisme. Enfin, il serait nécessaire d'impartir à l'autorité compétente un délai, par exemple 24 heures, au plus tard, pour y répondre (prévoir également l'attitude à adopter en cas d'absence de réponse dans ce délai : s'abstenir ou poursuivre ?).

[146] ibid, p. 13.

envisagées[147]. Il pourrait s'agir du cas d'enquête déjà ouverte et menée par un Etat pour détecter des infractions, impliquant la mobilisation d'importants moyens et qui concernent aussi d'autres Etats.[148]D'autre part, l'ECE convient à l'hypothèse où plusieurs Etats effectuent des enquêtes concernant des infractions qui, en raison des faits qui en sont à l'origine, exigent une action coordonnée et concertée sur les territoires des Etats concernés. En pratique, les ECE sont en règle générale limitées aux formes les plus graves de la criminalité[149]. Il convient alors d'examiner le cadre juridique national ou les instructions opérationnelles pour vérifier s'il existe un seuil de gravité ou d'autres qualifications. Par exemple, en France, l'article 695-2 du CPP, ne vise pas des infractions précises. Cependant, ce dispositif a été réservé aux enquêtes pénales complexes nécessitant une action concertée[150].

Concernant le contenu de l'accord, il appartient aux autorités signataires d'en fixer le contenu conformément à l'article 13. Il s'agit notamment de

---

147 L'utilisation de l'adverbe « notamment » dans la formulation, laisse penser que d'autres cas d'ouverture sont envisageables.

148 S. VUELTA-SIMON, « Dernières nouvelles des équipes communes d'enquête : entre partage et souveraineté... », op.cit, p.267-278.

149 M-E. MORIN, *Le système pénal de l'Union européenne*, Thèse, Université Aix-Marseille, Faculté de Droit et de Science Politique. 2017, p. 126.

150 L'article 695-2 CPP pose deux séries de conditions relatives à la création d'une équipe commune d'enquête.
Les premières tiennent aux motifs, aux circonstances justifiant la création de ces équipes : « Lorsqu'il est nécessaire de mener, dans le cadre d'une procédure française des enquêtes complexes impliquant la mobilisation d'importants moyens ». Les secondes sont relatives aux autorisations requises pour mettre en place une telle équipe (accord préalable du Garde des Sceaux et accords des autres Etats membres concernés).

préciser les objectifs assignés à cette ECE : collecte et transfert de preuves, recherche coordonnée de suspects et arrestations coordonnées, gel des avoirs, enquête financière, etc. L'accord d'ECE est conclu pour une durée limitée, ce qui implique à nouveau que l'accord doit avoir une vision spécifique, des principes directeurs et une stratégie d'enquête. Les avenants peuvent intervenir à tout moment pour prendre en compte certains aspects non réglés par l'accord initial. En pratique des formulaires d'accord type d'ECE ainsi que les avenants sont préconçus pour faciliter toutes les formalités liées à la constitution et même au fonctionnement de l'ECE. En outre, bien que l'équipe commune d'enquête soit un outil exclusivement dédié à l'enquête, il est important de considérer la phase du procès et la manière dont les résultats de l'enquête peuvent être utilisés lors du procès. Les acteurs pourraient discuter d'ores et déjà de la phase du jugement dans une dynamique de coordination des poursuites.

L'option de permettre à l'autorité en charge du dossier de procéder à une coopération directe, sans passer par le canal de l'autorité centrale[151] à travers la procédure de commission rogatoire, permet à notre avis, une planification directe des opérations d'enquête par la définition d'une stratégie d'enquête. En effet, dans le cadre de l'entraide classique, l'acteur judiciaire n'a pas la possibilité d'échanger directement avec son homologue de l'Etat étranger, de telle sorte que les imperfections dans la rédaction de la commission peuvent conduire à une mauvaise exécution de celle-ci.[152] L'ECE permet donc aux acteurs d'exprimer dès la constitution, leurs besoins en termes d'actes pour une poursuite efficace. De ce point de

[151] Sans passer par le filtre de la voie diplomatique ou d'une administration centrale qui est source d'une grande lenteur.

[152] N. Idrissa BADO, Magistrat, expert national ONUDC sur la coopération pénale internationale [entretien du 04/08/2023].

vue, une implication précoce des acteurs en charge des dossiers permet donc la célérité dans la coopération, gage d'une poursuite efficace des crimes transfrontaliers.

Après la prise de contacts, la définition des objectifs et le contenu de l'ECE par les premiers acteurs, la constitution de l'équipe doit se faire sans plus attendre avec la désignation des membres. Cette désignation se fait suivant une approche pragmatique par la prise en compte des acteurs clés dans la coopération judiciaire renforcée.

B- La composition de l'équipe centrée sur les acteurs clés

La qualité des membres composant l'ECE n'est pas expressément indiquée par la Convention relative à l'entraide judiciaire en matière pénale entre les Etats membres de l'Union Européenne du 29 mai 2000. Elle se contente de préciser que l'accord ECE doit comporter des propositions relatives à la composition de l'équipe[153]. Néanmoins, s'agissant de la structuration de l'équipe, la convention précitée[154], le Guide pratique relatif aux équipes communes d'enquête[155]et les législations des pays membres [156], s'accordent à dire que l'ECE est composée de responsables et de membres, mais aussi des tiers qui pourraient participer aux opérations sans en être

---

[153] Art.13.2.

[154] Art.13.3.4.

[155] Réseau UE d'experts nationaux en matière d'équipes communes d'enquête, « Guide pratique à l'intention des équipes communes d'enquête », document no 6128/1/17 REV 1 (Bruxelles, 2017), p. 8.

[156] Par exemple en France, on pourrait citer la loi n° 2004-204 du 9 mars 2004 portant adaptation de la justice aux évolutions de la criminalité (dite « Loi Perben II »). Journal Officiel de la République française n° 59 du 10 mars 2004, p. 4567, texte 1 et la Circulaire n°09-3/G1 du 23 mars 2009 relative à la présentation des dispositions issues des articles 695-2 et 695-3 du code de procédure pénale relatives aux équipes communes d'enquête.

véritablement des membres. En parcourant ces textes, on retient que la structuration de l'ECE ainsi que sa composition reposent sur une approche pragmatique de la coopération judiciaire, en ne retenant que les acteurs clés : il s'agit des responsables, des membres et des tiers.

Les responsables de l'équipe sont les autorités judiciaires signataires de l'accord d'équipe commune d'enquête.[157] Ce choix s'explique par le fait que ce sont ces praticiens qui maitrisent les enjeux pratiques de l'accord pour avoir été les initiateurs. En effet, suivant les dispositions de l'article 13.3, a. de la Convention du 29 mai 2000, le responsable de l'équipe est un représentant de l'autorité compétente participant aux enquêtes pénales de l'Etat membre sur le territoire duquel l'équipe intervient. Par conséquent, il coexiste plusieurs responsables, un pour chaque Etat partie[158]. Concrètement, il s'agira donc du Procureur ou du Juge d'instruction des Etats parties à l'accord. Les responsables de l'ECE, sont chargés notamment de superviser les activités de l'ECE lorsqu'elle intervient sur le territoire de l'État concerné[159].

S'agissant des membres, ce sont exclusivement des professionnels des enquêtes pénales. Il s'agit des OPJ habilités conformément à la législation nationale de chaque Etat partie, rompus à la tâche. Il pourrait s'agir en pratique, des responsables des unités d'enquêtes spécialisées dans certains domaines de la criminalité

---

157 Art.13.3, a. de la Convention relative à l'entraide judiciaire en matière pénale entre les Etats membres de l'Union Européenne du 29 mai 2000.

158 N. LONG, « mise en œuvre du mandat d'arrêt européen et des équipes communes d'enquête au niveau national et au niveau européen », *Direction générale des politiques internes du Parlement européen*, 2009, p.33.

159 Réseau UE d'experts nationaux en matière d'équipes communes d'enquête, « Guide pratique à l'intention des équipes communes d'enquête », op. cit. 8.

comme le trafic de drogue, la traite des personnes et plus généralement du terrorisme. Le choix sur ces personnes spécialistes des investigations criminelles de grande envergure a l'avantage de capitaliser les différentes expertises en la matière pour répondre de façon efficace à la technicité des questions auxquelles l'ECE fera face. Partant de l'hypothèse de l'intervention de l'ECE sur le territoire des Etats parties, on distingue les membres nationaux des membres détachés. Les premiers sont les membres ressortissants de l'Etat sur le territoire duquel les enquêtes doivent se mener. Si ces derniers n'ont pas été définis par la convention ni par la décision cadre, les membres détachés par contre ont été définis par le point 4 de l'article 13 de la Convention du 29 mai 2000. Aux termes de cette disposition, les « membres de l'équipe commune d'enquête provenant d'Etats membres autres que celui sur le territoire duquel l'équipe intervient sont désignés comme membres détachés auprès de cette équipe ». Ce sont donc les enquêteurs étrangers intervenant dans ce cadre sur le territoire d'un autre Etat membre. Notons toutefois que le déplacement des agents investigateurs dans le cadre d'une ECE est optionnel d'où l'intérêt de fixer dès la constitution de l'ECE toutes les modalités de son fonctionnement. En effet, une ECE peut être constituée et mise en œuvre sans l'intervention des membres sur le territoire d'un Etat autre que celui de leur provenance. Concrètement, chaque membre posera sur son territoire les actes nécessaires aux enquêtes et les partagera mutuellement avec les membres des autres Etats parties, de telles sortes que les déplacements ne soient plus nécessaires.[160] Ceci constitue aussi l'un des caractères

[160]S'agissant de la responsabilité des membres voy. Y. MAYAUD, *Terrorisme-infractions, poursuites pénales et indemnisation*, Paris, Dalloz, 2020, p.363 ss ; F. CHAREYRON, *Équipes communes d'enquête et droit pénal français*, op.cit, p.30.

flexibles du mécanisme de l'ECE qui non seulement permet une coopération judiciaire étroite mais aussi pourrait prendre en compte les contraintes budgétaires[161] tout en fonctionnant de façon optimum.

Quant aux tiers, il s'agit non seulement des Etats tiers[162], mais également des agences intervenant dans le domaine des enquêtes internationales et d'une manière générale dans le domaine de la coopération judiciaire. La participation des tiers à une ECE répond à un besoin de capitalisation de toutes les expertises nécessaires à son fonctionnement efficient. Le paragraphe 12 de l'article 13 de la Convention du 29 mai 2000, prévoit des arrangements avec des personnes autres que des représentants des autorités compétentes des Etats membres qui créent l'équipe commune d'enquête. Ces arrangements auront pour but de permettre à ces personnes de prendre « part aux activités de l'équipe ». Il en est ainsi du FBI[163] qui

---

[161] En effet, si le déplacement des enquêteurs étrangers permet une coopération plus active, il implique néanmoins un coût financier lié notamment aux frais de traduction et d'interprétation, les frais de voyage et les indemnités journalières de logement des membres détachés, ainsi que les frais de transfert de données et de communication. Donc face à une contrainte financière cette option pourrait être une solution envisageable. Voy. M. DUTHOIT, La coopération pénale au sein de l'Union européenne, op. cit. p.52., Voir également Rosita Zaharieva, « The European Investigation Order and the joint investigation team : which road to take – a practitioner's perspective », ERA Forum, vol. 18, no 3 (septembre 2017), p. 403.

[162] En droit interne français, l'article 695-10 du CPP prévoit que des ECE peuvent être mises en œuvre avec des pays tiers parties à toute convention comportant des dispositions similaires à celle du 29 mai 2000. De tels accords ont notamment été négociés entre l'UE d'une part, la Norvège et l'Islande d'autre part. ibid.p.52.

[163] Le Bureau fédéral d'enquête, (the Federal Bureau of Investigation), très couramment nommé par son sigle FBI est, aux États-Unis, le principal service fédéral de police judiciaire et un service de renseignement intérieur. Disponible à l'adresse https://www.fbi.gov . Consulté le 04 aout 2023.

peut participer à une ECE créée entre les Etats de l'UE. De même, Europol[164] et Eurojust[165], créées dans le but de soutenir les Etats de l'UE dans leur lutte contre les formes graves de la criminalité organisée transfrontière[166], et spécialisées respectivement dans la coopération policière et judiciaire, sont des partenaires de premier plan dans la création et le fonctionnement des ECE[167]. Leurs rôles, fonctions et devoirs devront être clairement décrits dans l'accord ECE. En sus de la consécration de la plénitude de pouvoir des autorités judiciaires, la simplification des canaux d'échanges entre les parties, constitue une des innovations majeures qui mérite d'être relevée.

Paragraphe II : La simplification des canaux de communication et de partage des éléments de preuves

L'assouplissement des canaux de communication et de partage d'informations en matière de coopération judiciaire est tributaire de son efficacité. En cela, l'ECE

---

[164] EUROPOL, Office Européen de Police, est à la police ce que Eurojust est au judicaire. Elle a pour mission de faciliter la coopération entre les services de police de l'UE. Voy. Y. MAYAUD, Terrorisme-Infractions, poursuites pénales et indemnisation, op. cit. p.361.

[165] EUROJUST, a été créé par décision du Conseil de l'Europe du 28 février 2002. Elle a pour vocation de faciliter l'entraide dans le domaine de la criminalité organisée. Voy. P. CHAMBON et C. GUERY, Droit et pratique de l'instruction préparatoire, Paris, Dalloz, 2015/2016, 9ème édition, p. 814.

[166] V.N. THWAITES, « Eurojust : autre brique dans l'édifice de la coopération judiciaire en matière pénale ou solide mortier », *RSC*, 2003, p. 45.

[167] Réseau UE d'experts nationaux en matière d'équipes communes d'enquête, « Guide pratique à l'intention des équipes communes d'enquête », op. cit. p. 21 et ss.

opère une rupture fondamentale avec le droit classique de l'entraide. Pour mieux cerner les contours de la question, il sied poser la question des canaux de transmission dans la coopération judiciaire (**A**) avant d'étudier la solution adoptée dans le cadre de l'ECE (**B**).

A- La problématique des canaux d'échanges

Si à l'état actuel, la nécessité de la coopération judiciaire en matière de la criminalité organisée et du terrorisme ne se pose plus[168], la question des canaux d'échanges dans cette coopération en revanche, se pose avec acuité dans la pratique. Elle peut être formulée ainsi : un juge peut-il contacter et échanger directement avec son collègue à l'étranger dans le cadre d'une coopération judiciaire et quels peuvent en être les supports de communication ? Les réponses à ces interrogations dans la coopération judiciaire traditionnelle ne sont pas reluisantes. En effet, depuis longtemps, pour accéder aux preuves à l'étranger, sauf convention contraire, le magistrat enquêteur ne disposait que des traditionnelles commissions rogatoires. Pourtant, ces dernières requièrent non seulement un certain formalisme dans leur rédaction[169], mais aussi un long protocole dans leur

[168] Préface de Luc Marius IBRIGA in TARBANGDO. G, *Les Etats de la CEDEAO à l'épreuve du terrorisme dans l'espace Ouest-africain*, Ouagadougou, Nouvelles Editions Burkinabè, 2021, p. 5.

[169] En effet, outre les questions linguistiques pour lesquelles la traduction en d'autres langues est obligatoire, la mauvaise rédaction des commissions rogatoires peut être sources d'incompréhension pouvant entrainer la non-exécution de la commission rogatoire ou son exécution partielle.

transmission. De ce point de vue, cette méthode se révèle trop lente et inefficace[170].

En effet, les demandes et communications en matière de coopération internationale, sauf arrangements bilatéraux ou multilatéraux contraires[171], sont échangées entre des autorités gouvernementales bien désignées. Cette transmission par la voie gouvernementale offre deux voies possibles que sont la voie diplomatique et celle qui passe par la voie de ministère de la Justice à ministère de la Justice. La voie diplomatique a été la première modalité empruntée par les États surtout ceux qui ne disposent pas de conventions régissant leur rapport dans le domaine d'entraide[172]. En pratique, cette chaîne peut impliquer les services des ambassades[173], mais aussi les services des Ministères des Affaires étrangères et de la justice des pays concernés. Du fait de sa complexité, « *le canal*

---

[170] Office des Nations Unies contre la drogue et le crime, Manuel pour la coopération internationale en matière pénale contre le terrorisme (New York, 2009), p. 74.

[171] Pour les cas de transmissions directes entre autorités judiciaires, à titre d'illustration, l'on peut citer l'accord additionnel franco-allemand, passé le 24 Octobre 1974, ou encore l'accord additionnel franco-suisse signé le 28 octobre 1996, suivant le Décret n° 2000-452 du 22 mai 2000 portant publication de l'accord entre le Gouvernement de la République française et le Conseil fédéral suisse en vue de compléter la Convention européenne d'entraide judiciaire en matière pénale du 20 avril 1959, JORF n°123 du 27 mai 2000 page 8002, texte n° 26.

[172] C. DUCOULOUX-FAVARD, *Urgence pour une coopération judiciaire en matière pénale*, cité par C. FOUMDJEM, In, Blanchiment de capitaux et fraude fiscale, Paris, Harmattan, coll. « Finances publiques », 2011, p. 384. Pour cet auteur, l'existence de cette voie s'explique par le long passé du contrôle souverain des États sur les règles de l'entraide judiciaire.

[173] Voir la Convention de Vienne sur les relations consulaires conclue à Vienne le 24 avril 1963, sur le site Internet: http://untreaty.un.org/ilc/texts/instruments/francais/traites/9_2_1963_francais.pdf . Consulté le 12 septembre 2022.

diplomatique est le canal par excellence de l'échec des coopérations judiciaires », comme l'a expliqué, un membre du pôle judiciaire spécialisé dans la répression du terrorisme burkinabè[174]. Quant à la voie de ministère de la Justice à ministère de la Justice, elle existe en Europe avec la convention européenne d'entraide judiciaire du 20 avril 1959 (CEEJ)[175] et constitue un allègement de la procédure de transmission par rapport à la voie diplomatique[176]. Néanmoins, elle est décriée par certains praticiens qui estiment qu'à travers ces différentes voies de transmission, le gouvernement entend conserver un pouvoir d'appréciation de l'opportunité de la transmission des actes[177]. Pour Adama KAFANDO, « le plus gros reproche que font les praticiens et les observateurs avisés en ce qui concerne l'administration des CRI concerne les lenteurs de la transmission de la CRI elle-même et celles du résultat des investigations demandées »[178]. Elles demeurent donc, suivant l'expression utilisée par l'ancien magistrat de liaison italien, Stéfano MOGINI, comme « une bouteille jetée à la mer par un naufragé qui prie pour qu'elle

---

174 Présentation d'un membre du pôle judiciaire spécialisé dans la répression du terrorisme, Banjul, juillet 2019, https://www.pgaction.org/pdf/2019-07-Banjul/Tondjoa-Sagnan.pdf. Consulté le 12 septembre 2022.

175 L'article 15 de la Convention européenne d'entraide judiciaire en matière pénale, du 20/04/1959, STE, 30 dispose que « Les commissions rogatoires prévues aux articles 3, 4 et 5 ainsi que les demandes prévues à l'article 11 seront adressées par le ministère de la Justice de la partie requérante au ministère de la Justice de la partie requise et renvoyées par la même voie ».

176 Les lenteurs dénoncées par les praticiens sont plus récurrentes avec la voie diplomatique.

177 C.G. LEMARCHAND, « la commission rogatoire internationale en droit pénal », *RSC*, janvier-mars 2003, p.36.

178 A. KAFANDO, *La coopération judiciaire en matière de blanchiment dans l'espace UEMOA : état des lieux et perspectives*, op.cit. p. 225.

atteigne son but »[179]. C'est pourquoi les conventions qui consacrent la voie gouvernementale sont devenues rares dans la mesure où le besoin d'efficacité de l'entraide judiciaire est incompatible avec ces lenteurs[180].

Dans les conventions d'entraide plus récentes, le plus souvent, les États adoptent un système mixte ou optionnel. Ce système mixte prévoit un mode de transmission centralisée, interétatique (voie diplomatique ou voie de ministère de la Justice), avec la possibilité d'une transmission directe d'autorité judiciaire à autorité judiciaire en cas d'urgence. Telle est l'option faite par le législateur UEMOA dans le cadre de la lutte contre le blanchiment[181]. Il en est de même en Europe où l'article 15 § 2 de la CEEJ admet la transmission directe en cas d'urgence et sous la double réserve qu'une copie de la demande soit transmise par le ministère de la justice et que le retour des pièces d'exécution, soit effectué par le même canal[182].

---

[179] Cité par P. CHAMBON/ C. GUERY, in *Droit et pratique de l'instruction préparatoire*, Paris, Dalloz, 2015/2016, p. 808.

[180] La convention CEDEAO d'entraide judiciaire de 1992 se contente d'indiquer à l'article 3 que « les demandes d'entraide judiciaire seront envoyées ou reçues par l'autorité compétente de chacun des Etats membres » laissant ainsi le choix à chaque État de déterminer la voie de transmission qu'elle juge opportune.

[181] L'article 132 de la Loi uniforme dispose que « Les demandes adressées par les autorités compétentes étrangères, aux fins d'établir les faits de blanchiment de capitaux et de financement du terrorisme, d'exécuter ou de prononcer des mesures conservatoires ou une confiscation, ou aux fins d'extradition sont transmises par voie diplomatique. En cas d'urgence, elles peuvent faire l'objet d'une communication par l'intermédiaire de l'Organisation Internationale de Police Criminelle (OIPC/Interpol) ou de communication directe par les autorités étrangères aux autorités judiciaires nationales… »

[182] Convention européenne d'entraide judiciaire en matière pénale, du 20/04/1959, op. cit.

Du reste, l'entraide classique se caractérise dans sa majorité par la complexité de la chaîne de transmission des demandes, mais aussi par la lourdeur du formalisme qui l'accompagne[183]. Ceux-ci pourraient constituer une frustration pour les praticiens[184] et un blocage sérieux du traitement des dossiers.[185] En l'état, c'est la criminalité transnationale qui « tire le plus grand profit des carences de la coopération judiciaire actuelle »[186]. De ce point de vue, la réponse pénale aux infractions transfrontalières, doit prendre en compte la mobilité et la rapidité des groupes criminels[187], en adoptant une solution adaptée aux besoins de célérité et d'efficacité dans les investigations.

---

[183] Ce qui fait que dans la plupart du temps, les magistrats envoient leurs demandes comme des « lettres à la poste » et ils attendent ensuite de voir leurs commissions exécutées ou refusées ou encore, (et plus fréquemment), n'obtiennent aucune réponse à leur demande. Voy. Office des Nations Unies contre la drogue et le crime (ONUDC), *Manuel pour la coopération internationale en matière pénale contre le terrorisme*, op. cit, p. 9 et 10.

[184] Un magistrat ayant reçu une réponse négative ou n'ayant reçu aucune réponse à sa demande d'entraide sera souvent tenté de confier sa déception lors d'un colloque ou à l'occasion de la rédaction d'un article de doctrine, plutôt que de se lancer sur le chemin incertain de la reprise des contacts avec son collègue étranger pour tenter de comprendre et ensuite de surmonter les problèmes rencontrés. Voy. G. KERCHOVE et A. WEYEMBERGH, la confiance mutuelle dans l'espace pénal européen, Bruxelles, 2005, Editions de l'Université de Bruxelles, p.158.

[185] P. CHAMBON/ C. GUERY, *Droit et pratique de l'instruction préparatoire*, op. cit, p. 808.

[186] V. PERDUCA et RAMAEL, *le crime international et la justice*, Dominos, Flammarion, 1998. p. 92.

[187] A. KAFANDO, *La coopération judiciaire en matière de blanchiment dans l'espace UEMOA : état des lieux et perspectives*, op. cit. p. 285.

B- La solution des équipes communes d'enquête

La solution que propose le mécanisme de l'ECE se situe à deux niveaux. D'une part, en s'appuyant sur les dispositions des paragraphes 4 et 5 de l'article 6 de la Convention du 20 mai 2000[188], il a été consacré la transmission des actes de coopération par le canal judiciaire en abandonnant celui diplomatique ou gouvernemental. D'autre part, dans la pratique des ECE, il est admis, toujours par le canal judiciaire, l'utilisation des supports numériques sécurisés[189] de transmission dans les échanges[190].

S'agissant du premier volet, comme le relève si bien la doctrine, la transmission directe est la solution la mieux adaptée à la lutte contre la criminalité transnationale [191]. La transmission directe implique que tous les actes dans le cadre de l'ECE peuvent être échangés entre les membres sans aucun intermédiaire. En effet, dans le cadre de la lutte contre la criminalité transnationale organisée et du terrorisme, cette option est plus que nécessaire dans la mesure où entre le moment de l'ouverture d'une procédure interne et l'émission d'une CRI, non seulement il peut s'écouler un temps assez

---

[188] Rappelons que les dispositions des paragraphes 4 et 5 de l'article 6 de la Convention européenne relative à la transmission des demandes d'entraide s'appliquent aussi à l'article 13 relatif aux équipes communes d'enquête.

[189] Les nouvelles technologies aidant, on pourrait faire l'économie des supports papiers qui pourraient prendre du temps.

[190] Il faut rappeler une fois de plus que ces modalités doivent être discutées, convenues et consignées dans le protocole d'accord pour éviter tous vices de procédure.

[191] C. FOUMDJEM, blanchiment de capitaux et fraude fiscale, Paris, harmattan, coll. « finances publiques », 2011, p. 385.

long[192], mais ce temps peut être doublé par la lenteur que génèrent la transmission de la CRI et le retour des résultats. Pendant ce temps, les groupes criminels auront largement le temps de complexifier l'affaire par notamment l'effacement des preuves, la dissimulation des avoirs criminels et le franchissement des frontières. Procéder à la transmission directe en temps réel entre autorités judiciaires permet de répondre efficacement aux besoins de célérité[193] que commande la répression des activités criminelles transnationales.

Quant aux supports de communication, la transmission manuelle[194] par les canaux formels est le moyen le plus privilégié dans l'entraide classique. Pourtant, en général la préparation et le conditionnement des supports papiers par la voie formelle (administrative), même si elle peut se faire directement entre autorités de poursuites, pourrait accuser des retards voir des risques de pertes de courriers. Dans le cadre de l'ECE, l'usage des supports électroniques sécurisés est autorisés. L'expérience montre une forte préférence des praticiens pour les canaux de communication informels[195]. A titre illustratif, les contacts par Visio conférence sur des plateformes numériques comme *Zoom* ou *Microsoft*

---

[192] Cet écart pourrait être aussi justifié par la nécessité pour les autorités répressives de rassembler les premiers éléments de preuves au niveau national.

[193] M.NORD-WAGNER, « L'urgence en procédure pénale », *Rev.péni.dr.pén.* n°1, 2006 p.263 : « *l'urgence peut conduire à une simplification des procédures afin de concilier les nécessités qui lui sont propres et le respect des droits fondamentaux* ».

[194] Nous entendons par manuelle la transmission par la voie postale contrairement aux courriers électroniques.

[195] Institut International pour la Justice et l'Etat de Droit, IIJ, manuel de formation Ectac, contre-terrorisme : approfondissement des compétences des praticiens francophones et magrébins, Novembre-Décembre 2020, exposé 15, équipes communes d'enquêtes, disponible sur le site https://www.theiij.org/fr/ectac/ . Consulté le 25 août 2022.

Teams, sont autant de moyens pouvant permettre aux membres de l'ECE d'échanger en temps réel, tant lors de la constitution de l'ECE que pendant son fonctionnement. Aussi, en termes d'échanges de preuves, de protection et de sécurité des données, l'utilisation des canaux sécurisés tels SIENA[196] dans l'Union Européenne peut être recommandée, à défaut, envisager l'utilisation d'équipements spécialisés et de courrier électronique sécurisé.[197]

Une fois l'ECE constituée et toutes ses modalités définies,[198]son fonctionnement innove par rapport à l'entraide classique en privilégiant des investigations proactives, mais aussi avec la possibilité de résoudre certaines questions au-delà des enquêtes.

---

[196] Conseil de l'Union européenne, Manuel sur l'échange d'informations en matière répressive, Bruxelles, 6261/17, 14 juillet 2017. Ce manuel a pour but d'éclairer et de faciliter la coopération pratique au jour le jour entre les différentes autorités des États membres, qui participent à des échange d'informations, à la fois au niveau national et international, de servir à des fins de formation et d'assurer la prise de décisions et d'être mieux informées lorsqu'il s'agira de rechercher et d'échanger des informations d'un pays à l'autre. Il peut être téléchargé à l'adresse https://data.consilium.europa.eu . Consulté le 25 août 2022.

[197] Tel que le courrier électronique sécurisé d'Eurojust mis à disposition dans le cadre du programme de financement des ECE. Voy. Guide relatif aux équipe commune d'enquête, Conseil de l'Union européenne, op. cit. p. 16.

[198] On parlera plutôt de poursuite des enquêtes, puisqu'ayant été déjà ouvertes aux niveaux internes et que les éléments de preuves recueillis de part et d'autre avant la constitution de l'équipe peuvent être pris en compte dans l'ECE, si cette option est admise dans la convention.

Section II : Un fonctionnement de l'équipe tranchant nettement avec l'entraide classique

La phase opérationnelle de l'ECE est marquée par le déroulement à proprement parlé de l'enquête[199] au cours de laquelle toutes les actions pouvant permettre le recueil des preuves nécessaires aux poursuites sont mises en œuvre conformément à l'accord ECE mais aussi le traitement de l'issue de l'enquête. A l'analyse de ces séquences, deux innovations majeures méritent d'être relevées au compte de l'efficacité de l'ECE. Il s'agit d'une part, de la mise en exergue de la proactivité dans les investigations (**Paragraphe 1**), et d'autre part, de la possibilité de résolution de certaines questions au-delà des enquêtes (**Paragraphe 2**).

Paragraphe I : La mise en exergue des enquêtes proactives

Dans le cadre de l'entraide traditionnelle, les frontières subsistent et les autorités judiciaires se contentent des « missives » qu'elles envoient en espérant en obtenir des réponses. Dans la coopération judiciaire par l'ECE, en revanche, les frontières s'estompent grandement dès lors qu'une équipe commune d'enquête est constituée.[200] L'enquête se déroule à l'image de celle menée au plan national. Pour Daniel FLORE, « *si la mise*

---

[199] C. FAUCHON, L'expérience franco-espagnole en matière d'équipes communes d'enquête, op. cit. 25.

[200] O. BEAUVALLET (dir), les investigations judiciaires internationales, Berger levraut, 2014, p.108.

en place des équipes communes d'enquête relève bien de l'entraide judiciaire en matière pénale, le fonctionnement de l'équipe d'enquête, une fois constituée, fait exploser tous les mécanismes de l'entraide et fait entrer la coopération entre les autorités des Etats membres dans une autre dimension ».[201]Cette dimension se caractérise par la coordination des investigations (**A**) mais aussi par l'intervention des enquêteurs étrangers (**B**).

A- De la coordination et de la planification des investigations

L'hypothèse d'un attentat terroriste préparé dans un pays déterminé, tandis que les explosifs et les armes utilisés, ont été obtenus par contrebande à partir d'un deuxième pays, que les instructions proviennent d'un troisième pays et enfin que l'attentat lui-même ait été perpétré dans un quatrième pays[202], est un exemple type,

---

[201] D. FLORE, Droit pénal européen : les enjeux d'une justice pénale européenne, coll. « Europe(s) », 2ème éd. Paris, Larcier, 2014. p.713.

[202] Un exemple contenu dans le précis de jurisprudence de cas où la CTO a servi de base légale à la coopération internationale, faisait référence à des enquêtes conjointes menées sur la base de l'article 19 de la Convention et qui impliquaient une collaboration entre les autorités brésiliennes, espagnoles et portugaises qui enquêtaient sur un groupe criminel organisé qui se livrait à un trafic de cocaïne du Brésil à destination l'Espagne via le Portugal. Les autorités espagnoles et brésiliennes ont fourni des informations pour faciliter l'enquête menée par le Portugal. Des équipes d'enquête conjointes ont été créées en vertu de l'article 19 pour intercepter les conversations téléphoniques, effectuer des surveillances et des perquisitions et saisir des biens. Le suspect a finalement été reconnu coupable de trafic de drogues aggravé et condamné à 14 ans de prison. Tous les biens saisis ont été confisqués. Conférence des Parties à la Convention des Nations Unies contre la criminalité transnationale organisée, Recours à des instances d'enquêtes conjointes pour lutter contre la criminalité transnationale organisée et leur rôle dans ce domaine CTOC/COP/WG.3/2020/2, mai 2020. P.7.

qui commande une bonne coordination des enquêtes judiciaires.[203] En effet, contrairement à l'entraide judiciaire classique dans laquelle l'autorité judiciaire requise se limite à exécuter ce qui lui est demandé et n'a qu'une connaissance fragmentaire de l'affaire, dans le cadre d'une ECE, les autorités judiciaires mènent les investigations ensemble. Ils ont une connaissance approfondie de la procédure et agissent de manière coordonnée, voire simultanée. Elles peuvent échanger, parfois en temps réel, sur les actes en cours et peuvent enrichir chaque dossier avec les actes d'enquête réalisés grâce à l'ECE. C'est en cela que les équipes communes d'enquête ne doivent pas être confondues avec les "enquêtes parallèles ou en miroir", parfois appelées "JIT-light"[204], l'idée étant d'apporter une réponse globale aux faits criminels[205]. Cette réponse globale passe par l'adoption d'une stratégie

---

[203] Recommandations d'Abuja du GCTF sur la collecte, l'utilisation et le partage des preuves aux fins de poursuites pénales contre les suspects terroristes - Recommandation 5 : Promouvoir une coordination efficace des enquêtes criminelles, disponible à https://www.thegctf.org/Portals/1/Documents/Framework%20Documents/2018/GCTF-Abuja-Recommendations_FR.pdf .

[204] Les enquêtes parallèles conjointes désignent essentiellement des enquêtes distinctes menées dans des États différents avec un objectif commun : mettre en évidence des phénomènes criminels. Elles sont généralement appuyées par un réseau d'agents de liaison ou par des contacts personnels. Les preuves recueillies au cours des deux enquêtes sont échangées par le biais de procédures formelles d'entraide judiciaire. Nation Unies, Office contre la Drogue et le Crime (ONUDC) – Article 19 de la Convention des Nations Unies Contre la Criminalité Transnationale Organisée et Protocoles s'y Rapportant, 2000 https://www.unodc.org/documents/treaties/UNTOC/Publications/TOC%20Convention/TOCebook-f.pdf

[205] V. BLERIOT, « Les équipes commune d'enquête à l'épreuve de la pratique », In F. JAULT-SESEKE, J. LELIEUR et C. PIGACHE(dir), L'espace judiciaire européen civil et pénal : regards croisés, coll, « Thèmes et commentaires », *Dalloz,* 2009, p. 170.

commune d'enquête qui s'avère plus que nécessaire de l'avis des praticiens[206], mais aussi des experts européens nationaux en matière d'équipes communes d'enquête[207]. L'adoption d'un tel plan opérationnel a l'avantage de répertorier tous les actes nécessaires à poser, leur échéancier et d'anticiper également quant aux formalités procédurales à respecter à cet effet. A titre illustratif, en Europe, dans le cadre d'une enquête sur le trafic de stupéfiants ayant donné lieu aux décisions de la chambre pénale espagnole, « Audiencia Nacional »[208], les autorités espagnoles « Guardia civil »[209], ont choisi de ne pas arrêter directement l'un des individus suspectés, puisque cela risquait de porter préjudice à d'autres actes d'investigation prévus en France, dans cette enquête. Ceci traduit la manifestation parfaite d'une vision commune dans la conduite des enquêtes en dépit des intérêts particuliers que les Etats parties peuvent en avoir.

La mise en commun des efforts pour apporter une réponse globale par une stratégie commune est facilitée au sein de l'ECE par la règle du partage direct des informations, qui fait de l'ECE une valeur ajoutée dans la coopération judiciaire. En effet, au sein de l'équipe, non seulement les membres partagent les informations et les preuves obtenues dans le cadre de l'ECE, mais celles

---

[206] Cheibou SAMNA, praticien, enseignant associé à l'Institut International pour la Justice et l'Etat de Droit, IIJ, caractérise la stratégie d'enquête commune d'« indispensable ». Ctac, contre-terrorisme : approfondissement des compétences des praticiens francophones et magrébins, Paris, mai 2022, disponible sur le site https://www.theiij.org/fr/ectac/.

[207] Guide pratique à l'intention des équipes communes d'enquête, op. cit, p. 10.

[208] Résolutions 80/2009 et 40/2010. Citées par C. FAUCHON, L'expérience franco-espagnole en matière d'équipes communes d'enquête, op. cit. p.27.

[209] Une force de police espagnole ayant aussi des attributions de police judiciaire.

obtenues par l'un des membres hors de l'ECE. Ce partage se fait sans aucune demande formelle d'entraide. Ceci constitue un grand avantage quand on sait les inconvénients des demandes d'entraide classique. De ce point de vue, il permet d'aller vite en faisant l'économie de la multiplication des actes. Par exemple, une perquisition faite sur le territoire d'un Etat A qui fournit des éléments probants recherchés par les Etat B et C, ces éléments leur sont communiqués spontanément de telle sorte que ces derniers n'auront plus besoin de poser de tels actes, mais aussi, ils n'auront pas à formuler une demande formelle pour en obtenir la communication. Tout est coordonné en temps réel par les responsables des différentes parties en présence, suivant leur stratégie commune, qui du reste peut connaitre des réajustements suivant le cours des opérations, les incidents devant aussi être pris en compte.

Outre la coordination des investigations, l'ECE séduit davantage par la possibilité qu'elle offre aux enquêteurs de participer aux actes d'enquête hors de leur zone territoriale de compétence habituelle.

B- De la possibilité d'intervention des enquêteurs « étrangers »

Dans les règles générales de compétence, les magistrats et les OPJ ont compétence pour enquêter limitativement sur le territoire national,[210] même si les juridictions nationales peuvent recevoir compétence pour connaitre des faits commis à l'étranger.[211] Sauf arrangements bilatéraux ou multilatéraux contraires, les

---

[210] F. DESPORTES, F. LE GUNEHEC, *Droit pénal général*, Collection Corpus - Droit Privé, 16ème éd 2009, 1258 p.

[211] I-B. CORDERO, « Compétence universelle », Rapport général, *Revue internationale de droit pénal,* 2008/1-2 (Vol. 79), p.13-7.

enquêteurs ne peuvent traverser les frontières d'un pays pour y mener des investigations en vertu de la compétence *rationae loci*[212] résultant de la souveraineté des Etats[213]. En effet, constitue une violation de la souveraineté et prohibée par le droit international, toute exécution d'actes publics pour le compte d'un Etat, sur le territoire d'un autre Etat, sans l'accord de celui-ci.[214]Aussi, ceci pourrait-il entrainer la nullité des actes posés dans ces circonstances.[215] Pour y remédier, les Etats sont contraints de passer par la coopération judiciaire. Cependant, les mécanismes de coopération judiciaire existant, tels que l'extradition et l'entraide jusque-là, n'ont réussi à estomper cette barrière liée à la souveraineté étatique. Dans le fonctionnement de tous ces mécanismes, les frontières subsistent toujours à la coopération. Chaque partie coopérante se contente d'expédier les demandes de coopération en escomptant une réponse favorable de l'Etat requis[216].

---

212 J. TAVERNIER, « Compétence ratione loci : extraterritorialité et recevabilité », *In Quel filtrage des requêtes par la Cour européenne des droits de l'homme ?,* Conseil de l'Europe, 2011, p.105 à 129.

213 Sur le principe de territorialité, voire Yves Mayaud, *droit pénal général*, 2ème édition mise à jour, PUF 2007.

214 P. DAILLIER, A. PELLET, M. FORTEAU, *Droit international public*, Paris, LGDJ, Lextenso, 2009, n° 229, p. 440 ; Cf. aussi l'avis de la Direction du droit international public du 12 mars 1998(reproduit in :JAAC 65.71). En Suisse cette atteinte pourrait tomber sous le coup des articles 269-273 du Code pénal.

215 A. HUET, R. KOERING-JOULIN, « Compétence des tribunaux répressifs français et de la loi pénale française - Infractions commises à l'étranger », *JCl.* « Droit international », Fasc. 403-20, mars 2013, p.65. V. Cass. Crim., 20 août 1992, Bull.crim., n°279.

216 Voy. R. ZIMMERMANN, *la coopération judiciaire internationale en matière pénale, op. cit.* ; L. MOREILLON et A.WILLI-JAYET, *La coopération judiciaire pénale dans l'Union européenne, op. cit.*

L'ECE, face au principe de territorialité, constitue « *une révolution*» dans la coopération judiciaire.[217] Pour David TOUVET, l'ECE est un « véritable saut qualitatif en matière d'entraide pénale[218] », en ce sens qu'il s'en distingue fondamentalement. En effet, selon les dispositions de l'article 13 paragraphes 5 et 6 de la convention européenne du 29 mai 2000, les membres détachés de l'ECE peuvent, dans la limite des attributions liées à leur statut, assister ou accomplir sur l'étendue du territoire du pays hôte, des actes d'enquête. Ils peuvent notamment constater des infractions et d'en dresser procès-verbal, procéder à des auditions et interrogatoires, voire même appliquer des techniques spéciales d'enquête, telles que la surveillance et l'infiltration[219]. Les membres pourront donc se déplacer d'un pays membre à l'autre et poser tous les actes d'enquête nécessaires sans une formalité particulière. De même, ces membres détachés, agissant sur le sol étranger, peuvent demander directement aux autorités de leur pays d'origine de prendre les mesures d'enquête nécessaires[220]. C'est un élément essentiel car ces autorités seraient alors obligées de prendre les mesures demandées dans les conditions qui s'appliqueraient si elles avaient été demandées dans le cadre d'une enquête nationale[221]. Cette participation active a aussi l'avantage

---

[217] Par empreint du terme à Jean PRADEL parlant du Mandat d'arrêt européen dans son article « Le mandat d'arrêt européen, premier pas vers une révolution copernicienne dans le droit français de l'extradition », Rev. Droit et patrimoine, 2004, p. 1392.

[218] O. BEAUVALLET (dir), *les investigations judiciaires internationales*, op. cit p.63.

[219] CHAMBON. P et GUERY. C, *Droit et pratique de l'instruction préparatoire*, Dalloz, Paris, 2015/2016, 9ème édition, p. 812 et ss.

[220] S. BETTI, « *New prospects for inter-state co-operation in criminal matters : the Palermo Convention* », International Criminal Law Review, vol. 3, no 2 (janvier 2003), p. 151, 157 et 158.

[221] Art. 13, op. cit, paragraphe 7.

pour les praticiens de partager les habitudes de travail et la création d'une culture juridique commune[222] pour d'autres opportunités.

Notons qu'une question juridique pourrait se poser en cas de divergence de régime procédural, celle de savoir lequel des régimes suivant lequel les actes doivent être posés ? la réponse se trouve dans les instruments applicables[223] qui prévoient qu'à tout moment, l'équipe mène ses opérations conformément au droit de l'État sur le territoire duquel elle intervient. En pratique, lors de la constitution de l'ECE toutes les questions procédurales doivent être des préalables. Ainsi, les praticiens peuvent-ils consulter et partager les informations sur la législation nationale de chaque pays. C'est une pratique courante de joindre une copie ou un résumé des législations nationales à l'annexe de l'accord[224] de telles sortes qu'en cours de fonctionnement ces questions ne se posent plus.

Du reste, sur ce point, le régime de l'ECE brise l'isolement des systèmes répressifs nationaux[225], en créant une sorte de « pot commun »[226] aux enquêtes, ce qui permet à l'issue des investigations de résoudre certaines questions au-delà des enquêtes.

---

[222]J. CLEMENCIER, *Le multilinguisme de l'Union Européenne et le droit pénal*, mémoire Master 2 Droit Pénal et Sciences Criminelles, Université Aix-Marseille, Faculté de Droit et de Science Politique, Année universitaire 2018-2019, p.75 et ss.

[223] Art. 13, op. cit, paragraphe 3, b, .

[224] Voir Réseau d'experts nationaux en matière d'équipes communes d'enquête, *Guide pratique à l'intention des Équipes communes d'enquête*, op. cit p. 18.

[225] M. DUTHOIT, *La coopération pénale au sein de l'Union européenne, op. cit* p. 15.

[226] R-V. RUYMBEKE cité par C. FAUCHON, *L'expérience franco-espagnole en matière d'équipes communes d'enquête, op. cit.* p.25.

Paragraphe II : La possible continuité de la coopération à l'issue des enquêtes

Une fois les enquêtes terminées, elles doivent être évaluées.[227] L'évaluation permettrait d'identifier notamment les obstacles juridiques et pratiques ayant entravé ou retardé la constitution ou le fonctionnement de l'équipe, afin de les éviter ultérieurement et d'améliorer davantage l'efficacité du mécanisme[228]. Les modalités pratiques de sa dissolution doivent être mises en œuvre conformément aux clauses consignées dans l'accord[229]. Au même moment se pose la question des poursuites des faits investigués, à laquelle il est possible d'y remédier en annexant un accord de centralisation des poursuites dans un seul Etat (**A**). Aussi, est-il possible de prévoir une clause permettant l'usage ultérieur des informations et preuves recueillies dans le cadre de l'ECE (**B**).

A- La possibilité d'une centralisation des poursuites

Dans une dynamique de coordination répondant à l'esprit de mise en « pot commun » de l'ECE, il serait

---

[227] La pertinence de l'évaluation de telles enquêtes a été déjà soulignée en 2009 par Nadja LONG dans son rapport au parlement européen sur la mise en œuvre du mandat d'arrêt européen et des équipes communes d'enquête. Plus tard en 2012, elle été développée par le Réseau d'experts ECE qui en a fait une recommandation.

[228] Réseau des experts ECE, conclusions de la 8ème réunion annuelle, 2012, p.4.

[229] Des possibilités de prolongation, d'un commun accord, sont aussi autorisées conformément à l'article 13 précité. L'idée étant d'avoir un outil souple et flexible répondant efficacement aux besoins de la coopération.

incongru de mener les investigations conjointement, très souvent sur les mêmes faits, parfois les mêmes auteurs et d'envisager des poursuites séparées avec le risque de porter atteinte au sacré principe de la règle *ne bis in idem*[230]. Il serait donc intéressant qu'à l'issue de l'enquête coordonnée, qu'il y ait aussi des poursuites coordonnées. Cette solution toute logique, est partagée par la doctrine[231] et les praticiens dont le Magistrat français Marie COMPERE[232].

Même si les textes actuels ne prévoient pas un choix entre les autorités participantes pour l'engagement des poursuites et le jugement des faits, des recommandations, notamment les directives de Eurojust[233] tendent à une centralisation des poursuites. Du reste, l'ECE étant faite sur une base conventionnelle, les Etats peuvent librement consentir d'aller vers le jugement dans un seul Etat. Il est donc possible de centraliser les poursuites, à l'issue des enquêtes, et de résoudre, de ce point de vue, la problématique des poursuites parallèles.

---

[230] J. LELIEUR, *La règle ne bis in idem. Du principe de l'autorité de la chose jugée au principe d'unicité d'action répressive. Étude à la lumière des droits français, allemand et européen*, Thèse de Doctorat en Droit privé et sciences criminelles, Université Panthéon-Sorbonne (Paris I), 9 décembre 2005, 668 p.

[231] K. MEHTIYEVA, *La notion de coopération judiciaire*, Paris, LGDJ, 2020, p.277.

[232] M. COMPERE, Institut International pour la Justice et l'Etat de Droit, IIJ, manuel de formation Ectac, contre-terrorisme : approfondissement des compétences des praticiens francophones et magrébins, Novembre-Décembre 2020, exposé 15, équipes communes d'enquêtes, disponible sur le site https://www.theiij.org/fr/ectac/. Consulté le 04 août 2022.

[233] Eurojust, Lignes directrices pour décider à quelle juridiction confier les poursuites, Révisé en 2016 https://op.europa.eu/en/publication-detail/-/publication/c6b06cff-8941-11e7-b5c6-01aa75ed71a1/language-fr

Ce qui fera de l'ECE, un modèle de coopération assez complet, si telle est la volonté des parties à l'accord.

Outre les poursuites qui peuvent trouver un dénouement à l'amiable, la possibilité de faire usage des informations obtenues dans le cadre d'une ECE à d'autres fins est aussi admise sous certaines conditions.

B- L'usage ultérieur des informations obtenues

S'il est une aubaine d'avoir une banque d'informations et d'éléments de preuves en tant que participant à une ECE, il y a lieu cependant de se poser la question à savoir si ces éléments obtenus dans ce cadre pourraient être utilisés en dehors de l'ECE, hors les fins pour lesquelles elle a été créée. La question est très pertinente dans la mesure où le partage d'informations suppose une grande confiance entre les Etats.[234] Si la réponse est affirmative dans le principe, elle est cependant assortie de réserves. Il s'agit là du principe de la spécialité, consacré en matière de coopération judiciaire.[235]

La possibilité est offerte d'utiliser ces informations, d'abord, si l'usage vise à détecter, enquêter et poursuivre d'autres infractions pénales. En effet, partant de l'imbrication existant fréquemment entre les

[234] En effet, il parait logique qu'un Etat qui a des doutes sur l'utilisation que pourrait faire ensuite les autorités étrangères des informations échangées, notamment prévenir les délinquants des actions qui pourraient être engagées contre eux, ne partage pas celle-ci. Pour cette raison, et conformément aux dispositions de l'article 13 § 10 de la convention précitée, en principe, les informations obtenues de manière régulière par un membre ou un membre détaché dans le cadre de sa participation à une équipe commune d'enquête et qui ne peuvent pas être obtenues d'une autre manière par les autorités compétentes de l'Etat membre, ne doivent être utilisées que pour les fins pour lesquelles l'équipe a été créée.

[235] ONUDC, *Manuel sur l'entraide judiciaire et l'extradition*, New York, 2012, p.70.

infractions, cette solution nous parait logique, ce d'autant que les enquêtes peuvent dénicher d'autres infractions connexes qui pourraient être l'œuvre d'un autre groupe criminel. Si ces faits n'ont pas été visés par l'accord ECE et n'ont été pris en compte par un quelconque avenant dans le sens d'enquêter également sur ces faits, il est de bon ton que les parties concernées puisse être autorisées à user de telles informations de l'ECE pour pouvoir enquêter et poursuivre ces infractions pénales. Ensuite, l'usage est autorisé, s'il tend à préserver la sécurité publique. Dans ce sens, du moment où les questions de sécurité et tranquillité publique sont des questions prioritaires pour les Etats et pour anticiper une quelconque déstabilisation par les groupes criminels, il va de soi que cette utilisation soit possible. Bien plus, les enquêtes dans le cadre de l'ECE pourraient révéler des projections d'attaques d'un ou de plusieurs Etats donnés. De ce point de vue, les Etats pourraient s'appuyer sur les informations de l'ECE pour y faire face. Enfin, les éléments obtenus dans le cadre de l'ECE pourraient être utilisés pour toutes autres fins préalablement convenues par les Etats membres qui ont créé l'équipe. On retiendra que dans toutes ces hypothèses sus évoquées, le consentement préalable de l'Etat membre où l'information a été obtenue est obligatoire[236]. Toutefois, le consentement ne peut être refusé que dans les cas où une telle utilisation représenterait un danger pour les enquêtes pénales menées

[236] Pour la France, seul le magistrat, directeur d'enquête peut autoriser l'utilisation, par l'Etat membre cocontractant, des informations transmises, à d'autres fins que celles pour lesquelles l'équipe commune d'enquête a été créée. Cette autorisation doit être actée en procédure. Voy. Circulaire n°09-3/G1 du 23 mars 2009 relative à la présentation des dispositions issues des articles 695-2 et 695-3 du code de procédure pénale française relatives aux équipes communes d'enquête.

dans l'Etat membre concerné ou pour lesquels cet Etat membre refuserait l'entraide[237].

Somme toute, l'équipe commune d'enquête, du point de vue de son mécanisme juridique innove fondamentalement en posant les jalons d'une coopération judiciaire renfoncée. Au-delà de cette avancée textuelle, l'efficacité de cet outil sera confirmée par sa pratique qui inspire en tant que modèle contemporain de coopération plus fluide et proactif.

---

[237] Circulaire n°09-3/G1 du 23 mars 2009 relative à la présentation des dispositions issues des articles 695-2 et 695-3 du code de procédure pénale relatives aux équipes communes d'enquête. op. cit.

CHAPITRE II :

LA PRATIQUE INSPIRANTE DES EQUIPES COMMUNES D'ENQUETE

« *Après une journée à Lyon, je ne peux plus distinguer qui sont les policiers et qui sont les magistrats, ni de quel pays viennent les uns et les autres. Nous avons tous un même objectif : travailler ensemble pour obtenir le meilleur résultat, et c'est une bonne expérience dans ma vie professionnelle* ».[238] Ce commentaire d'un expert, pris sur le vif, à l'issue du « *séminaire sur les équipes communes d'enquête* », tenu à Paris en 2011[239], témoigne d'ores et déjà de l'idée de la satisfaction que l'on pourrait avoir en expérimentant l'action concertée par les ECE. En pratique, le recours aux équipes communes d'enquête s'est particulièrement développé depuis leur institution en Europe et leur impact sur la criminalité non négligeable[240]. Pour conforter davantage ce témoignage de l'efficacité des ECE à l'épreuve de la pratique, un état des lieux de leur mise en œuvre **(Section I)** s'avère important avant de traiter de leur succès **(Section II)**.

---

[238] Rapport du *Séminaire sur les équipes communes d'enquête* organisé à l'Ecole Nationale Supérieure de la Police (France), du 28 mars au 1er avril 2011.
https://www.ensp.interieur.gouv.fr/Actualites/Equipes-Communes-d-Enquete-une-success-story . Consulté le 22 aout 2022.

[239] Ibid.

[240] S. VUELTA-SIMON et P. OLLIVIER-MAUREL, *la justice française contre ETA*, op.cit., p.67

Section I : Etats des lieux de la mise en œuvre des équipes communes d'enquête

Après près d'une vingtaine d'années de coopération judiciaire par les ECE, on note d'une part, un net engouement des Etats (**Paragraphe 1**) pour ce mécanisme qui séduit par ses innovations. Cet engouement se manifeste par un recours de plus en plus important, suivant les rapports d'Eurojust[241]. D'autre part, au fil du temps, le mécanisme s'est davantage performé avec l'existence de plusieurs outils d'accompagnement (**Paragraphe 2**).

ParagrapheI: L'adhésion des Etats aux équipes communes d'enquête

La criminalité transnationale organisée obligeant une action concertée contre le crime[242], les équipes communes d'enquête ont servi de support d'expression de cette dynamique. Par les innovations qu'elles ont introduites facilitant la coopération, les ECE ont rencontré l'adhésion populaire des Etats de l'UE qui s'en sont appropriés (**A**). Bien plus, son expérimentation à succès, va au-delà des Etats de l'UE (**B**).

A- L'appropriation du mécanisme par les pays de l'Union européenne

Face à l'essor de la criminalité transfrontière, le dépassement des frontières dans le cadre de l'enquête

---

[241] Rapport de 2017, second graphique de la page 21. https://www.eurojust.europa.eu/ 22 août 2022.

[242] P. GUEYE, Criminalité organisée, terrorisme et cybercriminalité : Réponses de politiques criminelles, op.cit., p. 5.

pénale, s'est vite imposée[243]. Les Etats de l'UE se sont très rapidement approprié les dispositions de la convention du 29 mai 2000 et les textes subséquents[244], en adoptant pour certains des textes internes pour internaliser les dispositions communautaires, mais surtout en expérimentant le mécanisme dans leurs actions contre la criminalité transnationale. Les pays qui ont participé à de telles équipes, ont fréquemment montré une volonté très nette de recourir à cette forme de coopération pour son efficacité[245]. Tous les pays de l'UE disposent à présent d'une base juridique sur laquelle des équipes communes d'enquête peuvent être mises en œuvre[246]. A titre illustratif, avant même la transposition du cadre juridique dans leur dispositif juridique interne, la France et l'Espagne avaient créé, en juillet 2003, un groupe de travail destiné à mettre en place un modèle de protocole de création de ces équipes[247]. La première ECE a été signée le 15 septembre 2004 entre la France et l'Espagne.[248]

---

[243] C. FAUCHON, *L'expérience franco-espagnole en matière d'équipes communes d'enquête*, *op. cit.* p.3.

[244] Notamment la Résolution du Conseil du 26 février 2010 relative à un modèle d'accord pour la création d'une équipe commune d'enquête. Journal Officiel de l'Union européenne n° C 70 du 19 mars 2010, et le Guide pratique sur les équipes communes d'enquête, document no 6128/1/17 REV 1 (Bruxelles, 2017), p. 18.

[245] M. DUTHOIT, *La coopération pénale au sein de l'Union européenne*, op. cit. p.53.

[246] Pour les derniers adhérents aux instruments juridiques de l'ECE on peut retenir notamment le Royaume-Uni qui 1er décembre 2014, a fait savoir à la Commission européenne qu'il souhaitait participer à la décision-cadre. Ce choix a été entériné par la décision 2014/858/UE de la Commission. Le 11 mars 2016, l'Italie a fait savoir à la Commission qu'elle avait transposé la décision-cadre dans son droit national. Disponible sur http://publications.europa.eu/resource/cellar/7cb7ffe4-0fea-43e8-a7df-a89d0508ef31.0007.02/DOC_2 . Consulté le 23 octobre 2022.

[247] Présentation de la circulaire relative aux équipes communes d'enquête de la Garde des Sceaux, ministre de la Justice français,

Aujourd'hui, un nombre impressionnant d'équipes communes d'enquête impliquant plus d'une dizaine de pays européens a été enregistré. En 2022, 265 équipes communes d'enquête étaient en cours[249]. Auparavant, en 2017[250], plus de 200 équipes communes ont été mises en œuvre contre 122 en 2014[251]. Ces recours croissants à ce mécanisme, démontrent sa capacité à répondre aux besoins des investigations, en favorisant la coordination des enquêtes et le renforcement de la confiance mutuelle entre les autorités judiciaires. Aussi, au-delà de l'UE, l'ECE suscite-elle l'engouement des autres pays confrontés à la criminalité transfrontière.

B- L'engouement au-delà des Etats de l'Union européenne

En dehors des pays de l'UE, des ECE ont également été constituées en collaboration avec et/ou entre des pays non membres de l'UE, sur des bases juridiques, telles qu'un accord international ou une législation nationale les permettant. Des accords ECE ont été signés entre des pays européens et américains[252] ou asiatiques ou

---

Rachida Dati, qui a pris l'initiative de promouvoir cette technique d'enquête en Europe, tant auprès des juridictions, qu'auprès des services d'enquête (police, gendarmerie, douanes). Circulaire de la DACG no CRIM 09-3/G1 du 23 mars 2009 relative à la présentation des dispositions issues des articles 695-2 et 695-3 du code de procédure pénale relatives aux équipes communes d'enquête, op. cit.

[248] Ibid.

[249] Rapport Eurojust de 2022, disponible

[250] Rapport Eurojust de 2017, op.cit.

[251] Ibid.

[252] Sur la base de l'accord d'entraide judiciaire entre l'Union européenne et les Etats unis d'Amérique du 25 juin 2003 en son article 5 paragraphe 1 à 4.

entre des pays non membres des ECE sur des bases juridiques qui les permettent.[253]

Au-delà des Etats, un autre élément historique important au titre de l'engouement autour des ECE, est l'adhésion récente du Bureau du Procureur de la Cour pénale internationale (CPI) à une équipe commune d'enquête sur les crimes internationaux présumés ,[254] commis en Ukraine. Cette équipe a été mise en place en mars 2022 par la Lituanie, la Pologne et l'Ukraine avec le soutien d'Eurojust.[255] En rappel, la CPI a été créée par le statut de Rome du 17 juillet 1998[256] pour poursuivre et juger les crimes les plus graves[257] qui touchent l'ensemble de la Communauté internationale[258]. Elle avait déjà ouvert le 3 mars 2022, une enquête sur la situation en Ukraine[259],

---

[253] Rapport Eurojust de 2022, *opt.cit, p.65.*

[254] Il s'agit notamment des crimes de guerre, des crimes d'agression. Voy. E. DAVID, *Principes de droit des conflits armés*, Bruxelles, Bruylant, 2008, p. 148. ; E. DAVID, *Éléments de droit pénal international et européen*, Bruxelles, Bruylant, 2009, p. 1015. ; *Droit pénal international*, Collection Thémis droit, 3e éd., Paris, PUF, 2005, pp. 93-95.

[255] Information relayée par le bureau du procureur de la CPI et l'agence de coopération judiciaire européenne EUROJUST disponible à l'adresse https://www.euractiv.fr/section/l-europe-dans-le-monde/news/le-procureur-de-la-cpi-rejoint-lequipe-commune-denquete-europeenne-sur-les-crimes-en-ukraine/ consulté le 06 août 2022.

[256] Le statut est entré en vigueur depuis le 1er juillet 2002.

[257] A savoir : a) les crimes de génocide ; b) les crimes contre l'humanité ; c) les crimes de guerre ; d) les crimes d'agression (*art. 5 du Statut*). Voy. M. OUEDRAOGO, *Cours de Droit Pénal International*, master 2 droit pénal et sciences criminelle, IUFIC/ Université Thomas SANKARA, 2021-2022, p.29 et ss. Inédit.

[258] R. K. KOUDE, *la justice pénale internationale, un instrument idoine pour raisonner la raison d'Etat* ? l'Harmattan, Paris, 2023, 224.p.

[259] En effet suite à l'invasion Russe en Ukraine, le nombre actuel des crimes de guerre et des crimes contre l'humanité recensés en Ukraine est supérieur à 6 000 et d'autres Etats membres envisagent de

après avoir reçu le feu vert de près de 40 Etats parties. Pour le Procureur de la CPI Karim KHAN, la situation en Ukraine « *exige une action collective afin d'obtenir des preuves pertinentes et, en définitive, d'assurer leur utilisation efficace dans les procédures pénales* »[260]. Il s'agit d'une « *étape historique* » selon le Bureau du Procureur, qui vise à faciliter les enquêtes et les poursuites dans les États concernés ainsi que celles qui pourraient être menées devant la CPI. L'instance par excellence de répression des crimes internationaux démontre ainsi tout son intérêt pour le mécanisme de la coopération judiciaire par les ECE qui constitue pour elle un moyen efficace d'action concertée[261] contre la criminalité transnationale. Cette intervention de la CPI constitue pour nous une nouvelle donne quand on se réfère à la définition des équipes communes d'enquête. En effet, suivant une approche organique, elle se réfère aux autorités judiciaires des Etats[262]et ne fait nullement cas d'une entité judiciaire indépendante. Néanmoins, d'un point de vue matériel ou téléologique, la constitution d'une ECE entre la CPI et les autorités compétentes d'un ou de plusieurs Etats est possible, au regard du fait que l'ECE vise une synergie d'actions dans les investigations et la poursuite des faits

---

rejoindre la JIT, selon la Commission européenne. https://www.euractiv.fr/section/l-europe-dans-le-monde/news/le-procureur-de-la-cpi-rejoint-lequipe-commune-denquete-europeenne-sur-les-crimes-en-ukraine/. consulté le 06 août 2022.

[260] Ibid.

[261] Cet accord « *permettra une coordination et une coopération rapides et en temps réel avec les pays partenaires (de l'équipe commune d'enquête), dans le cadre des enquêtes menées par le BDP et les autorités nationales compétentes* », a précisé Eurojust.

[262] En se référant à la définition de l'ECE qui met en présence que les entités Etatiques en cause, l'intervention d'une entité indépendante, comme la CPI en tant partie principale à l'ECE et non observateur à l'image de EUROJUST, EUROPOL ou le FBI constitue véritablement une nouvelle donne.

criminels graves.[263]Pour le conseiller à la coopération internationale adjoint au Bureau du procureur, Stanislas TALONTSI[264], cette participation à l'ECE se fonde sur « *le principe de complémentarité de la Cour Pénale Internationale* »[265], qui peut l'amener à entreprendre diverses formes de coopération avec les Etats. Au-delà de l'engouement suscité, l'ECE a bénéficié au fil du temps des outils qui l'accompagnent dans sa mise en œuvre.

Paragraphe II : L'existence d'outils d'appui au fonctionnement des équipes communes d'enquête

Comme toute stratégie d'action efficace nécessitant des outils d'application, l'ECE au fil du temps, s'est vue doté d'outils de mise en œuvre permettant de remplir sa mission de fluidité et de rapidité dans la coopération. D'une part, il s'agit de la conception de modèles types d'accord ECE et d'un Guide pratique au profit des praticiens (**A**) pour leur alléger la tâche. D'autre part, les ECE se sont vue soutenir par plusieurs institutions spécialisées dans la coopération pénale (**B**).

---

[263] Néanmoins, il a insisté sur le fait que son Bureau ne souhaitait pas uniquement recevoir des informations et des preuves, soulignant qu'il voulait aussi être un « *partenaire efficace en ce qui concerne la conduite des procédures nationales relatives aux principaux crimes internationaux, conformément au principe de complémentarité* ».

[264] Stanislas TALONTSI, [entretien, Visite à la Cour Pénale internationale du 06 juillet 2023] d'une délégation des juges et de procureurs d'Afrique via l'Institut Asser de la Haye Pays-Bas.

[265] M-C. TOUSIGNANT, « l'instrumentalisation du principe de complémentarité de la CPI : une question d'actualité Maxime », *Revue québécoise de droit international*, Volume 25, numéro 2, 2012, p. 1-251.

A- La conception de modèles types d'accord ECE et d'un Guide pratique

Dans le but de promouvoir et de faciliter la création des ECE, un modèle d'accord[266] a été élaboré pour permettre aux praticiens d'aller plus vite.[267] Ce document, présenté dans toutes les langues officielles de l'UE et en version modifiable, peut être téléchargé sur les sites internet d'Eurojust[268] et d'Europol[269]. Le modèle type représente un scénario de référence commun non contraignant que les praticiens peuvent adapter aux besoins spécifiques d'une affaire. Par conséquent, il arrive que les dispositions types soient reformulées pour prendre en compte les exigences de la législation nationale ou d'arrangements ad hoc. Le modèle d'accord fournit également une liste utile couvrant la plupart des questions qui doivent être prises en considération pour que l'ECE puisse exercer ses activités en toute sécurité.

Dans la pratique, le modèle de l'UE est utilisé pour la grande majorité des ECE créées par des États membres de l'UE. En outre, ce modèle s'est avéré suffisamment souple pour servir de base aux discussions avec les États non membres de l'UE, moyennant certaines adaptations pour tenir compte des différentes bases juridiques. Certains États membres ont également conçu des modèles d'accords bilatéraux qui peuvent être utiles pour anticiper les problèmes susceptibles de surgir dans ce contexte spécifique et accélérer les discussions sur le contenu de l'accord créant l'ECE. Il s'agit par exemple du modèle Franco-espagnole, qui a pour mérite de capitaliser leurs

---

[266] Voir Annexe n°1.

[267] Résolution du Conseil relative à un modèle d'accord pour la création d'une équipe commune d'enquête (JO C 18 du 19.1.2017, p. 1).

[268] https://www.eurojust.europa.eu/ . Consulté le 06 août 2022.

[269] ibid.

expériences bilatérales en matière de coopération judiciaire. En outre, la pratique ayant instauré une évaluation à la fin de chaque ECE, ce suivi permet de raffiner davantage cet outil en prenant en compte les obstacles juridiques et pratiques rencontrés.[270]

En sus, des modèles d'accord ECE, un manuel d'orientation en matière d'ECE a été adopté par le conseil européen[271]. L'objectif de ce guide pratique est de fournir aux praticiens des informations, des orientations et des conseils en ce qui concerne la création des équipes communes d'enquête. Il a été élaboré par le réseau ECE, en collaboration avec Eurojust, Europol et l'OLAF qui sont des institutions d'appui à la création et au fonctionnement des ECE. En mai 2022, l'Union européenne a adopté un nouveau règlement[272] établissant une plateforme de collaboration qui vient renforcer le fonctionnement des équipes communes d'enquête.[273]

---

[270] N. LONG, « mise en œuvre du mandat d'arrêt européen et des équipes communes d'enquête au niveau national et au niveau européen *», op. cit.*, p.40.

[271] Réseau UE d'experts nationaux en matière d'équipes communes d'enquête, *Guide pratique à l'intention des équipes communes d'enquête*, document no 6128/1/17 REV 1, Bruxelles, 2017, p. 18.

[272] Règlement (UE) 2023/969 du Parlement européen et du Conseil du 10 mai 2023 établissant une plateforme de collaboration visant à soutenir le fonctionnement des équipes communes d'enquête et modifiant le règlement (UE) 2018/1726. Voire. https://eur-lex.europa.eu/legal-content/FR/TXT/?uri=CELEX%3A32023R0969. consulté le 12 août 2023.

[273] H. CHRISTODOULOU, « La synergie des équipes communes d'enquête renforcée par la création d'une plateforme *», Dalloz*, Actualité, Droit pénal international | Enquête, juin 2023, disponible à https://www.dalloz-actualite.fr/flash/synergie-des-equipes-communes-d-enquete-renforcee-par-creation-d-une-plateforme, consulté le 12 août 2023.

B- La pluralité des institutions de soutien aux équipes communes d'enquête

Dans la dynamique de la promotion de la coopération judiciaire renforcée, les équipes communes d'enquête, bénéficient au sein de l'union européenne, de l'accompagnement de plusieurs institutions œuvrant dans la coopération tant policière que judiciaire. Ces agences ou organes de l'UE, tels que Eurojust, Europol et OLAF[274] offrent des appuis techniques et financiers à la création et au fonctionnement des ECE. Aussi, convient-il de relever l'existence et l'apport du *Réseau des experts nationaux* en matière d'équipes communes d'enquête (réseau ECE). Il a été créé en 2005 afin de promouvoir le recours aux ECE par les praticiens. Chaque État membre a désigné un ou plusieurs experts nationaux qui représentent tant la composante judiciaire (juges, procureurs, ministères de la justice) que la composante répressive (police, ministères de l'intérieur) d'une ECE. Ces experts constituent des points de contact auxquels les praticiens peuvent s'adresser pour obtenir des conseils. En tant que membres du réseau ECE, ces experts ont l'expérience du fonctionnement des ECE dans leur État membre et ont accès aux informations concernant les aspects pratiques des ECE associant d'autres États membres. Le secrétariat, hébergé par Eurojust depuis 2011, promeut, soutient et favorise les activités du réseau ECE[275].

Les équipes communes d'enquête sont donc une réalité en Europe qui suscite tant d'engouements que de soutiens. Cet état de fait se justifie sans nul doute par le

---

[274] Ces institutions seront étudiées plus en détails dans la suite de notre analyse au titre des institutions promotrices des ECE en Europe.

[275] https://www.eurojust.europa.eu/. Consulté le 12 août 2023.

succès du mécanisme qui y a particulièrement fait ses preuves.

Section II : Le succès des équipes communes d'enquête

S'interroger sur le succès des équipes communes d'enquête, c'est de se demander si les objectifs qu'elles se sont fixées en tant qu'outil efficace de coopération judiciaire ont été atteints et que grâce à elles, des éléments de preuves ont pu être réunies et présentées devant les juridictions.[276] De l'avis des praticiens et des observateurs avisés, les ECE ont largement contribué à la réduction de la criminalité transfrontalière (**Paragraphe 1)**, par son action simultanée et planifiée, mais aussi à instaurer une culture de la capitalisation des efforts dans la coopération judiciaire (**Paragraphe 2**).

Paragraphe I : La contribution à la lutte contre la criminalité transfrontalière

La criminalité transfrontalière constitue l'une des raisons fondamentales de recours aux ECE. Au moment où les instruments des ECE ont été adoptés, certains pays européens faisaient sérieusement face à cette forme de criminalité qui commandait une action concertée des autorités judiciaires. Ces équipes ont été utilisées particulièrement en matière de lutte contre la criminalité

---

[276] Il convient néanmoins de souligner que les critères de succès d'une ECE n'ont été définis par les textes. Ainsi, pour certains, une ECE peut-elle être créée et considérée à succès, sans avoir pu procéder à des interpellations et saisies dès lors que les parties prenantes ont fait preuve du maximum de coopération possible. Voy. C. FAUCHON, L'expérience franco-espagnole en matière d'équipes communes d'enquête, op.cit., p.38.

organisée et le trafic de drogue (**A**), mais aussi en matière de terrorisme (**B**). De ces expérimentations, des motifs de satisfaction s'en dégagent[277].

A- En matière de la criminalité organisée et le trafic de drogue

Dans son rapport de 2011[278], Europol attirait l'attention de la communauté européenne sur l'ampleur de la criminalité organisée notamment sur la traite des personnes et le trafic de drogue. Face à ces deux formes de criminalité citées, le recours à des actions concertées par les ECE a été une action salvatrice. En effet, des Etats dont les territoires servaient de lieux de préparation, de transit ou de commissions de cette forme de criminalité ou de refuges de leurs auteurs, ont décidé de s'attaquer de façon conjointe aux groupes criminels qui opéraient simultanément sur leurs territoires et dont les enquêtes judiciaires nationales avaient déjà décelé certains éléments de preuves[279].

Au titre de la traite des personnes, on peut citer entre autres, « *l'opération Veerde* »[280], formalisée par une équipe commune d'enquête entre les autorités judiciaires

---

[277] En 2009, conformément à la circulaire de la Garde des sceaux précitée, après plus de quatre (04) ans de mise en œuvre des ECE, on note des succès réels remportés dans ce cadre, notamment en matière de trafic de stupéfiants et de terrorisme. Grâce à la souplesse de cette nouvelle technique d'investigations, ce succès apparaît comme le gage de son intégration réussie dans le droit français.

[278] EUROPOL, *Rapport Général des activités de 2011*, Haye, mai 2012.

[279] Rappelons-nous que conformément à la définition de l'ECE, le recours aux enquêtes conjointes nécessite des enquêtes en cours au niveau interne. Il ne s'agit donc pas de mettre simplement en exergue un phénomène criminel impliquant plusieurs pays.

[280] *Rapport General des activités* 2011 de EUROPOL, op.cti.

de la République Tchèque et le Royaume Uni pour enquêter sur un réseau de trafic d'êtres humains entre ces pays. En effet, un groupe criminel, faisait entrer des femmes tchèques en Royaume Uni, en leur promettant trente mille (30 000) couronnes tchèques en échange d'un mariage blanc avec des citoyens britanniques. La plupart de ces femmes ne recevait jamais cet argent, et leurs passeports nouvellement obtenus, demeuraient entre les mains du groupe criminel organisé, en vue d'une nouvelle réutilisation pour des personnes ressemblantes. A leur arrivée au Royaume Uni, elles subissaient des violences physiques, elles étaient violées et contraintes à se prostituer ou à épouser des citoyens Pakistanais. Cette opération a permis de démanteler le réseau criminel dans son ensemble, de la phase de recrutement initial à l'exploitation finale. Elle a abouti à d'importantes arrestations aussi bien en territoire tchèque qu'en Royaume Uni et leur traduction devant les juridictions.[281]

Au titre du trafic des drogues, on peut retenir l'exemple de la coopération franco-espagnol en la matière. En effet, les autorités judiciaires françaises et espagnoles ont réussi de nombreuse fois à coordonner leur intervention par des ECE, de façon à agir au même moment sur les deux territoires. Ainsi, dans le cadre de « *l'Opération Niza* »[282], alors qu'en France, étaient arrêtées quatre personnes et saisis plusieurs kilogrammes de cocaïne, en Espagne était saisi un hélicoptère servant au transfert de la drogue depuis le Maroc. Ces premières opérations ont ensuite permis de nouvelles interpellations

[281] Cette action a permis en outre la protection et la prise en charge des victimes par des services compétents des Etats concernés, en assurant leur rapatriement dans leur pays d'origine.

[282] Citée par C. FAUCHON, in *L'expérience franco-espagnole en matière d'équipes communes d'enquête, op.cit.*, p38.

et au total, la JIRS[283] de Marseille a condamnée vingt-trois(23) personnes dans cette affaire le 30 avril 2013[284].

En plus de ces actions conjointes contre la criminalité organisée, elles ont servi efficacement dans la lutte contre le terrorisme.

B- Dans le domaine de la lutte contre le terrorisme

L'un des succès de référence de la coopération judiciaire par les ECE face à la menace terroriste, est bien la lutte contre l'organisation indépendantiste et terroriste ETA (Euskadi Ta Askatasuna)[285], qui sévissait en Espagne et sur le territoire français et qui a fait plus de 800 victimes

---

[283] Les juridictions interrégionales spécialisées (JIRS) ont été créées par la loi du 29 mars 2004 et mises en place en octobre 2004, regroupent des magistrats du parquet et de l'instruction possédant une expérience en matière de lutte contre la criminalité organisée et la délinquance financière dans des affaires présentant une grande complexité. Les JIRS sont la démonstration de la capacité d'adaptation de la justice à la criminalité et à la délinquance modernes. L'autorité judiciaire se voit ainsi dotée d'outils l'autorisant à se montrer volontariste et offensive face aux organisations criminelles souvent transnationales dont le démantèlement est de plus en plus complexe. Voy. http://www.justice.gouv.fr/europe-et-international-10045/juridictions-interregionales-specialisees-jirs-23526.html. Consulté le 31 octobre 2022.

[284] L'express, 30 avril 2013, « Francis Castola condamné à 6ans de prison pour trafic de drogue par hélicoptère ». https://www.lexpress.fr/actualite/societe/francis-castola-condamne-a-6-ans-de-prison-pour-trafic-de-drogue-par-helicoptere_1245440.html. Consulté le 31 octobre 2022.

[285] Euskadi Ta Askatasuna, plus connu sous son acronyme ETA (pour « Pays basque et liberté » en basque), est une organisation basque indépendantiste d'inspiration marxiste-léniniste active du 31 juillet 1959 au 2 mai 2018 (officiellement). https://fr.wikipedia.org/wiki/Euskadi_ta_Askatasuna#cite_note-5 .

en quatre décennies[286]. En effet, si ETA commettait ses attentats sur le sol espagnol, de nombreuses infractions étaient également commises en France, notamment afin de se procurer du matériel.[287] Les faits, à l'origine de la création d'une ECE le 18 novembre 2005, concernaient un attentat à la voiture piégée commis à Avilla en Espagne, laquelle voiture avait été antérieurement volée sur le territoire français. Ainsi, plutôt que de mener les enquêtes séparément, les autorités espagnoles et françaises ont jugé opportun de mener l'enquête conjointement.[288]

Les deux pays ayant compris la nécessité de mener de concert la lutte contre ETA, de nombreuses équipes communes d'enquête s'intéressant à l'organisation terroriste furent constituées entre 2004 et 2007.[289] La dernière équipe constituée le 24 mai 2007 contre ETA, fait suite à l'attentat à la voiture piégée commis à l'aéroport de Madrid Barajas le 30 décembre 2006, après que le véhicule ait été volé en France. Toutes ces actions concertées ont véritablement affaibli ETA[290] qui a fini par

---

[286] S. VUELTA SIMON, P. OLLIVIER-MAUREL, *la justice française contre ETA*, op.cit., p.67

[287] Par exemple, des véhicules et matériaux explosifs.

[288] P. OLLIVIER-MAUREL et H. DAVO, contribution lors du séminaire « cooperation in criminal matters in the Europan Union : Judicial response to terrorism » organisé par ENM et l'EIPA Luxembourg à Barcelone les 6 et 7 février 2013. EIPA, March 22, 2013 - WWW.EIPA.EU.

[289] La première équipe franco-espagnole, par ailleurs première équipe dans l'Union Européenne, conclue le 15 septembre 2004, avait pour objet les divers attentats provoqués par l'organisation basque à l'été 2003.

[290] En effet, les actions concertées ont permis de démanteler une grande partie du réseau par les arrestations de plusieurs combattants dont les leaders terroristes et les saisies d'importantes quantités d'armes.
https://fr.wikipedia.org/wiki/Euskadi_ta_Askatasuna#cite_note-5.

déposer les armes et procéder à sa propre dissolution.[291] A titre illustratif, le 1er septembre 2007, plus de 350 kilogrammes d'explosifs ont été saisis dans une maison à Cahors.[292] Lors de la même opération, plusieurs personnalités importantes d'ETA ont été arrêtées puis jugées en Espagne en 2010 par l'Audienca National.

Notons tout de même que si la coopération judiciaire contre ETA par les ECE s'est arrêtée en 2007 par la dernière équipe constituée à ce titre, il convient néanmoins de souligner que cette forme de coopération a été poursuivie, cette fois-ci en matière de terrorisme islamiste dont une équipe constituée en 2017.[293] Mais au-delà de ces résultats probants contre les faits criminels transfrontaliers, les équipes communes d'enquête ont instauré au fil du temps, une culture de la mutualisation des efforts dans la coopération judiciaire, qui se trouve aujourd'hui capitalisée.

Paragraphe II : La capitalisation des efforts dans la coopération judiciaire

Après près d'une vingtaine d'années de pratique de coopération judiciaire par les ECE, un constat majeur se dégage : cet outil a grandement et positivement bouleversé les pratiques en matière d'entraide judiciaire. Il peut ainsi

---

[291] Le 20 octobre 2011, l'ETA annonçait l'arrêt définitif de ses activités armées. Dans la nuit du 6 au 7 avril 2017 l'organisation séparatiste annonce son désarmement total. Le 8 avril la justice française met la main sur l'arsenal d'ETA (3,5 tonnes d'armes et explosifs) grâce à une liste de 8 planques fournies par l'organisation aux autorités.

[292] J. MASSEY, *Histoire secrète d'une guerre de cent ans*, Flammarion, 2010, 387 p.

[293] Il s'agit d'une enquête conjointe avec les autorités espagnoles et françaises sur les attentats perpétrés à Barcelone et Camprils le 17 août 2017, EL Pais, 1 er Décembre 2017.

servir d'outil de pesée du degré de confiance mutuelle entre les Etats de l'Union (**A**), mais au-delà, ce mécanisme offre un bel avenir à l'Union en matière de coopération judiciaire(**B**).

A- Un outil de mesure de la confiance mutuelle

L'équipe commune d'enquête est un outil qui se repose sur le principe de la confiance mutuelle, une notion fondamentale en matière de coopération judiciaire[294]. Elle n'a pas fait l'objet d'une définition légale, quoique certains instruments de coopération en fassent la mention.[295] Suivant la doctrine[296] et la jurisprudence européenne[297], elle correspond à un degré d'ouverture suivant lequel, chaque Etat accepte l'application du droit pénal en vigueur dans les autres pays membres, en dépit des particularités des ordres juridiques. Autrement dit, les décisions ou actes judiciaires sont exécutés avec les mêmes facilités qu'offre le cadre national de chaque

---

[294]Le principe de confiance mutuelle revêt une importance fondamentale particulièrement en droit de l'Union, étant donné qu'il permet la création et le maintien d'un espace sans frontières intérieures, et ce, sans faire disparaître les structures étatiques en son sein, selon l'avis de la Cour de Justice de l'Union Européenne. Voy. C.J.U.E., avis 2/13 du 18 décembre 2014, point 191.

[295] Décision-cadre du 13 juin 2022 relative au mandat d'arrêt européen et aux procédures relatives de remise entre Etats membres (2022/584/JAI), JO L190, 18 juillet 2002, p. 1, considérant 10. ; Programme de la Haye du 13 décembre 2004, II. Orientations générales, 1. Principes généraux, p.4.

[296] D. FLORE, « la notion de confiance mutuelle : l'alpha ou l'oméga d'une justice pénale européenne ?», in G. DE KERCHOVE, A. WEYEMBERCH, *La confiance mutuelle dans l'espace pénal européen*, p.17 et ss.

[297] C.J.U.E, Gözütok et Brügge, 11 février 2003, affaires jointes C-187/01et C-385/01.

Etat.[298] Pour MEHTIYEVA Kamalia, elle constitue la clé de voûte de la reconnaissance mutuelle.[299] Pour d'autres auteurs, le principe de la confiance mutuelle instaure un fédéralisme horizontal, fondé sur une solidarité construite sur des valeurs partagées[300]. Appliquée au mécanisme des enquêtes conjointes, la confiance mutuelle en constitue la pierre angulaire[301], car pour la plupart des mécanismes de coopération judiciaire dont la mise en œuvre « empiète » la souveraineté des Etats, il se bute très souvent à l'hésitation ou la réticence de ceux-ci[302]. En effet, l'ECE dans son mécanisme touche singulièrement à un principe fondamental de droit international public, à savoir la souveraineté étatique. Ceci implique qu'en l'absence de conventions, les OPJ d'un Etat n'ont absolument pas le droit d'accomplir des actes d'enquête à l'étranger. La violation de cette interdiction peut être sanctionnée par la nullité de tous les actes accomplis[303]. Mener des enquêtes conjointes requiert donc un dépassement des egos et voir

---

298 M. WELLER, « Mutual Trust : in search of the future of European Union Private International *Law* », *Journal of Private International Law*, 2015, p. 4.

299 K. MEHTIYEVA, *La notion de coopération judiciaire*, L.G.D.J, Bibliothèque de droit privé, op.cit., p.224.

300 E. DUBOUT, « Une question de confiance : nature juridique de l'Union européenne et adhésion à la Convention européenne des droits de l'homme », *Cah. dr. eur.*, 2015, no 1, p. 94.

301 En effet permettre à des enquêteurs étrangers de poser des actes de police judiciaire sur son territoire et à ses enquêteurs nationaux d'envoyer des actes de procédures recueillis sur son territoire à un autre Etat, relève de la sagacité en droit international.

302 En effet certains Etats pourraient y voire une ingérence dans leurs affaires intérieures, toute chose qui est interdit en droit international.

303 La Cour de cassation française se montre sévère quant à cette interdiction car elle considère que cette nullité s'impose également dans le cas où l'accomplissement de ces actes serait le résultat d'une imprudence. Aussi, elle considère que la nullité rejaillit sur tous les actes subséquents et peut ainsi annuler tous les éléments de la procédure. Cass.crim, 21 septembre 1999, Bull. n° 189.

la nécessité de mutualisation des moyens pour faire face à la criminalité. C'est en cela que l'ECE permet de mesurer la capacité des Etats non seulement à fédérer leurs stratégies[304] face à la criminalité, mais aussi à accepter un « empiétement » de leur souveraineté dans le cadre des investigations qui impliquent l'intervention des agents étrangers. En outre, comme souligné antérieurement, la reconnaissance des actes posés dans le cadre des investigations conjointes, en pratique, ne pose pas de problème dans le fonctionnement des ECE.[305] Les équipes communes d'enquête supposent donc une confiance mutuelle. Une confiance entre les Etats, pour accepter que les informations contenues dans leurs fichiers soient partagées avec un autre Etat, mais aussi une confiance entre les praticiens qui s'empreignent des habitudes de travail.[306] De ce point de vue, la pratique des équipes communes d'enquête a non seulement établi des liens étroits entre praticiens[307], mais aussi instauré une sorte de

[304] Sur l'intérêt d'avoir une stratégie d'enquête commune, voir C. FAUCHON, L'expérience franco-espagnole en matière d'équipes communes d'enquête, op.cit., p 25, 26.

[305] M. MARTY, *la légalité de preuve dans l'espace pénal européen. op.cit*.p.326. ; J. LELIEUR, « la reconnaissance mutuelle appliquée à l'obtention transnationale de preuves pénales dans l'Union européenne : une chance pour un droit probatoire français en crise ? », RSC, 2011, P. 1-19.

[306] Les praticiens participants aux ECE développent par leurs expériences, de bons réflexes en matière de coopération judicaire renforcée mais aussi établissent un réseau de professionnels permettant la célérité par des échanges informels.

[307] S. VUELTA-SIMON, P. OLLIVIER-MAUREL, « la justice française contre ETA *», op.cit*, p.69. A titre illustratif, les différentes équipes créées pour enquêter sur le financement d'ETA ont été constituées pour la plupart entre Laurence LE VERT, Juge d'instruction à la section antiterroriste à Paris, et Fernando GRANDE MARLASKA, juge d'instruction à l'Audiencia Nacional. Ces deux praticiens ont développé au cours des investigations, une habitude de

culture juridique commune[308] entre Etats en dépit des clivages des systèmes juridiques ou de la pratique judiciaire. Ainsi, de l'avis de nombreux praticiens, au-delà de la confiance mutuelle qu'elles instaurent, les ECE constituent un outil offrant un bel avenir à la coopération judiciaire.[309]

B- Un outil offrant un bel avenir à la coopération judiciaire

Les innovations introduites par les équipes communes d'enquête ont forcé l'admiration des praticiens, pour les facilités de coopération qu'elles leur accordent.[310] Pour certains observateurs avisés, cet état de fait nous interroge, à savoir si cet outil va rester en l'état ou s'il évoluera vers une institution plus intégrée, de permanent au sein de l'Union européenne[311].

Pour l'ex vice-président chargé de l'instruction au pôle anti-terroriste du Tribunal de grande instance de Paris[312], Thierry FRAGNOLI, la finalité ultime de

---

travail et une grande confiance l'un à l'autre, qui permettait des relations fluides dans la coopération.

308 J. CLEMENCIER, *Le multilinguisme de l'Union Européenne et le droit pénal*, *op. cit*, p75.

309 Thierry FRAGNOLI, vice-président chargé de l'instruction au pôle anti-terroriste du Tribunal de grande instance de Paris.

310 Office des Nations unies contre la Drogue et le Crime(ONUDC), *recueil d'affaires de criminalité organisée, Compilation d'affaires avec commentaires et enseignements tirés*, octobre 2012. p. 79 et ss.

311 F. CHAREYRON, *Équipes communes d'enquête et droit pénal français*, op.cit., p.46.

312 Le Pôle anti-terroriste du Tribunal de grande instance de Paris, est une juridiction spécialisée en matière terroriste. Les articles 706-16 à 706-22 du Code de procédure pénale prévoient ainsi une centralisation du traitement des affaires de terrorisme à Paris. Elle est compétente sur tout le territoire national. L'intérêt de cette centralisation est de parvenir à une connaissance plus approfondie des milieux terroristes,

l'équipe commune d'enquête est « …d'aboutir à la création d'un parquet européen, de juridictions européennes pénales, ou d'une instruction européenne… ».[313]Cette analyse projective de ce praticien avisé sur les ECE, n'est pas une utopie[314], si on s'en tient aux éléments techniques et pratiques acquis dans le cadre des ECE.[315] Ces acquis témoignent de tout l'espoir que l'on peut porter sur cet instrument de coopération renforcée par son efficacité. La tendance actuelle étant de briser les barrières traditionnelles à la coopération judiciaire,[316] de telle sorte que quel que soit le lieu de commission d'une infraction ou de la nationalité de son auteur, les frontières étatiques ne puissent constituer un refuge pour les groupes criminels ou un obstacle pour les investigations et les poursuites.

Conclusion du titre I

---

grâce à un rapprochement entre différentes affaires. À titre d'exemple, ces juges travaillent sur les attentats du 13 novembre 2015, les attentats de Nice du 14 juillet 2016, des cellules djihadistes, les activités de l'ETA, du FLNC, etc. https://justice.ooreka.fr/astuce/voir/686705/juge-antiterroriste . Consulté le 31 juillet 2023.

[313] Interview de Thierry FRAGNOLI, vice-président chargé de l'instruction au pôle anti-terroriste du TGI de Paris, 17 avril 2008 : http://www.justice.gouv.fr/europe-et-international-10045/zoom-sur-les-equipes-communes-denquete-23568.html .consulté le 31 juillet 2023.

[314] Imaginer qu'un jour soit créée une unité de police supranationale, composée d'agents recrutés parmi les fonctionnaires de police nationaux des différents EM (voire même recrutés directement par l'Union européenne). Ce corps de police Européen, à la façon du Federal Bureau of Investigation américain, pourrait avoir une compétence automatique, instituée par les Traités, pour certaines affaires présentant une certaine gravité ou complexité, et surtout un caractère européen, transnational.

[315] Office des Nations unies contre la Drogue et le Crime (ONUDC), recueil d'affaires de criminalité organisée, Compilation d'affaires avec commentaires et enseignements tirés, op.cit., p. 77.

[316] Office des Nations unies contre la Drogue et le Crime (ONUDC).

En somme, les deux précédents chapitres ont permis de démontrer que les équipes communes d'enquête constituent un outil efficace de coopération judiciaire. Cette efficacité se traduit à deux niveaux. D'une part, elles innovent avec les avantages, entre autres, de célérité et de proactivité qu'elles offrent aux enquêteurs. D'autre part, dans la pratique, elles se sont révélées aussi particulièrement efficaces face à certaines formes de criminalité transnationale. Néanmoins, en tant que mécanisme juridique, les équipes communes d'enquête demeurent perfectibles. Ainsi, l'analyse critique commande-t-elle à présent d'analyser leurs défis.

TITRE II :

LES EQUIPES COMMUNES D'ENQUETE, UN MECANISME DE COOPERATION A PLUSIEURS DEFIS

En dépit de son efficacité, le mécanisme des équipes communes d'enquête connait des insuffisances. Comme dans le cadre d'une enquête nationale, le but des équipes communes d'enquête est de recueillir des preuves, la recherche des auteurs et leurs poursuites devant les tribunaux des Etats membres de l'ECE. A ce sujet, plusieurs questions liées notamment au contrôle des actes de l'équipe et au jugement des faits, se posent avec acuité. Or, les textes actuels consacrant les équipes communes d'enquête, n'abordent pas ces questions.[317] Aussi, dans leur fonctionnement, les équipes communes nécessitent l'accompagnement dynamique des institutions et des praticiens intervenant dans le domaine de la coopération judiciaire. Pourtant, si certains organes de soutien sont appelés à consolider leurs acquis dans ce sens, d'autres en revanche, ont besoin d'être dynamisés voire crées.[318]

Pour ce faire, des réformes tendant à la clarification du cadre juridique (**Chapitre I**) et la dynamisation de celui opérationnel (**Chapitre II**), constituent des défis, pour une meilleure mise en œuvre des enquêtes conjointes. Ceci, en raison du fait que la mise en place et le fonctionnement des ECE requièrent un cadre

---

[317] J. LELIEUR, « l'Union européenne face aux conflits de compétences pénales », in D. BRACH-THIEL et F. FOURMENT(dir), *Questions de droit pénal international, européen et comparé*. Mélanges en l'honneur du Professeur Alain FOUMIER, PUN- Editions Universitaires de Nancy, 2013, p.257.

[318] EUROJUST, *Rapport annuel 2021*, Office des publications de l'Union européenne, 2022, p.24.

juridique précis, en vertu du principe d'interprétation stricte en matière pénale,[319] mais aussi, un cadre opérationnel dynamique pour en assurer le bon fonctionnement.

---

[319] Sur le principe d'interprétation stricte en matière pénale, Voy. E. KANGAMBEGA, *Droit pénal Général,* Ouagadougou, Imprimerie Presse Africaines, collection précis de droit burkinabè, 2007, p.12.

CHAPITRE I

LA NECESSAIRE CLARIFICATION DU CADRE JURIDIQUE

Le cadre juridique est le premier fondement des équipes communes d'enquête. Les ECE relevant en grande partie du droit processuel, elles ne dérogent pas aux sacro principes du droit pénal.[320] Elles doivent avoir être prévues par des textes qui régissent leur création et leur fonctionnement. Ainsi, les praticiens qui entendent recourir à ce mécanisme de coopération se doivent de vérifier si leur cadre juridique les y autorise, mais surtout si les règles de son fonctionnement leur permettent de façon pratique d'investiguer efficacement.[321] Il s'agit aussi bien des instruments juridiques internationaux et régionaux, mais aussi des dispositions juridiques internes qui les consacrent. Suivant les expériences vécues et pour une mise en œuvre efficace des ECE, leur pleine consécration au plan supranational (**Section I**) constitue un atout majeur. Aussi, le droit interne (**Section II**) constituant le domaine par excellence du droit processuel, leur pleine consécration à ce niveau, facilitera la tâche aux

---

[320] Notamment au principe de la légalité et celui de l'interprétation stricte en matière pénale. Voy. E. KANGAMBEGA, *Droit pénal General*, collection précis de droit burkinabè, Ouagadougou, Imprimerie Presse Africaines, 2007. ; B. BOULOC. et H. MATSOPOULOU, *Droit pénal général et procédure pénale*, Paris, Sirey, 2016. ; F. DEBOVE. et F. FALLETTI, *Précis de droit pénal et de procédure pénale*, Paris, PUF, 2018. ; J. LEROY, *Droit pénal général*, Paris, LGDJ, 3ème édition, 2010, . ; J-C. SOYER, *Droit pénal et Procédure pénale*, Paris, LGDJ, 21ème édition, 2012,.

[321] Institut International pour la Justice et l'Etat de Droit, IIJ, *manuel de formation Ectac, contre-terrorisme : approfondissement des compétences des praticiens francophones et magrébins, exposé 15, équipes communes d'enquêtes, op.cit.*

praticiens, par la description de leurs modalités d'application.

Section I : la nécessité d'une pleine consécration des équipes communes d'enquête au plan supranational

La reconnaissance des ECE par un cadre supranational, voire intégré, comporte un double avantage dans leur mise en œuvre. Les Etats parties seraient déjà sensibilisés sur les implications du mécanisme quant à leur souveraineté et les praticiens pourraient faire recours aux enquêtes conjointes, dans une certaine mesure, même en cas de dispositions nationales silencieuses ou lacunaires y relatives. Si au plan international et européen, la consécration des ECE constitue dans l'ensemble un acquis, force est de constater que leurs cadres juridiques en la matière, comportent les mêmes insuffisances face à la problématique de la poursuite et du jugement des faits de l'ECE (**paragraphe 1**). A titre de droit comparé, l'espace ouest africain n'est pas encore à ce niveau. La consécration des enquêtes conjointes n'est pas un acquis pour la majorité **(paragraphe 2).**

Paragraphe I : Les insuffisances communes au cadre juridique communautaire européen et multilatéral

En matière d'entraide judiciaire, il est sans conteste qu'il existe une palette de conventions multilatérales, régionales et bilatérales qui en fait la promotion. Mais, s'agissant particulièrement des ECE, la plupart des instruments supranationaux ayant déjà servi de base à la création et au fonctionnement des équipes communes d'enquête, découle soit des instruments multilatéraux soit des conventions régionales européennes. A l'analyse de ces instruments, il se dégage des problématiques non traitées, liées aux poursuites et aux jugements des faits (**A**), qu'il convient envisager des esquisses de solutions (**B**).

A- Des problématiques liées aux poursuites et aux jugements

Lorsque l'équipe a mené ses opérations sur plusieurs Etats : les perquisitions et saisies de pièces à conviction sur le territoire d'un Etat A, les arrestations des auteurs dans un Etat B et les victimes ou certains co-auteurs se trouvant sur le territoire de l'Etat C, il se pose alors plusieurs interrogations.[322] Il s'agit de la question de la compétence des juridictions pour juger les faits[323] et par voie de conséquence, celle de la recevabilité des éléments de preuves recueillis[324], mais aussi la question du contrôle de la régularité des actes, pendant ou après les investigations, en rapport notamment avec le respect des droits de l'homme.[325] En outre, aussi bien pour le contrôle des actes que le jugement des faits, il se pose la question de savoir, à l'aune de quel droit ces questions doivent être traitées. Est-ce le droit de l'Etat de la(es) juridiction(s) saisie(s) ou le droit de l'Etat sur le territoire duquel les

---

[322] La mise en œuvre des équipes communes d'enquête implique inévitablement un conflit positif de juridiction, étant donné que la commission de l'infraction sur le territoire de plusieurs Etats implique la compétence territoriale des juridictions de tous ces Etats.

[323] M. DUFFOURC, « Conflits de compétence entre juridictions répressives des Etat membres », *Droit pénal*, n°09, Etude n°21, 2010, p. 21-24.

[324] M. MARTY. *La légalité de la preuve dans l'espace pénal européen*. Bruxelles : Editions Larcier, 2016, 716 p.

[325] C. FAUCHON, *L'expérience franco-espagnole en matière d'équipes communes d'enquête, op.cit.*, p.47.

actes ont été accomplis[326]? En effet, si le jugement des faits investigués n'est pas d'emblée la mission assignée aux ECE[327], en ce sens qu'elles ont été conçues pour les investigations, néanmoins, il en constitue inexorablement une suite logique. Or, en l'état actuel, les instruments juridiques fondant les ECE ne tranchent pas sur ces questions aussi importantes que la recherche de l'efficacité des investigations.

Au plan international, au nombre des conventions prévoyant la coopération judiciaire par les ECE, on peut retenir les dispositions de trois (03) instruments juridiques, tous adoptés sous l'égide des Nations Unies (ONU). Il s'agit de l'alinéa 1 c) de l'article 9 de la Convention des Nations Unies contre le trafic illicite de stupéfiants et de substances psychotropes de 1988,[328] de l'article 19 de la Convention des Nations Unies contre la criminalité transnationale organisée[329] et de l'article 49 de la

---

[326] T. HERRAN, *Essai d'une théorie générale de l'entraide policière internationale*, Thèse de doctorat de droit, Université de Pau et des Pays de l'Adour, 2012., p.122.

[327] C. FAUCHON, *op.cit.*, p.42.

[328] La Convention des Nations Unies contre le trafic illicite de stupéfiants et de substances psychotropes de 1988 (art. 9, par. 1 c)) constitue un exemple caractéristique d'instrument multilatéral contenant une disposition qui autorise la création d'équipes communes d'enquête.

[329] Aux termes de l'article 19 de la Convention contre la criminalité organisée, « *Les États Parties envisagent de conclure des accords ou des arrangements bilatéraux ou multilatéraux en vertu desquels, pour les affaires qui font l'objet d'enquêtes, de poursuites ou de procédures judiciaires dans un ou plusieurs États, les autorités compétentes concernées peuvent établir des instances d'enquête conjointes. En l'absence de tels accords ou arrangements, des enquêtes conjointes peuvent être décidées au cas par cas. Les États Parties concernés veillent à ce que la souveraineté de l'État Partie sur le territoire duquel l'enquête doit se dérouler soit pleinement respectée.* ».

Convention des Nations Unies contre la corruption.[330] Ces traités multilatéraux consacrent, en substance, la possibilité pour les Etats parties de recourir aux équipes communes d'enquête. Cependant, ces dispositions ne définissent pas entre autres, les autorités compétentes pour la signature des accords ECE et la conduite opérationnelle des investigations, laissant le soin aux Etats d'en décider.[331] En ce dernier volet, le cadre communautaire européen quant à lui, fournit un peu plus de précisions. En effet, l'article 13 de la convention de 2000 précitée[332], qui en est le siège, prévoit en grande partie le régime juridique des ECE en définissant leurs conditions de création et leur mode de fonctionnement.[333] L'existence d'un cadre communautaire en matière d'ECE est d'un grand intérêt, en ce sens que les Etats parties peuvent y recourir même dans l'hypothèse où leurs législations nationales n'en prévoient pas, en vertu du principe d'applicabilité directe du droit communautaire.[334]

Ce cadre communautaire européen à l'instar de celui multilatéral, présentent donc des insuffisances sur ces questions qu'il convient à présent d'en rechercher les solutions envisageables.

---

[330] F. ZIMMERMANN, « Article 49 : joint investigations », in The United Nations Convention against Corruption : A Commentary, Cecily Rose, Michael Kubiciel et Oliver Landwehr, dir. publ., Oxford Commentaries on International Law Series (Oxford, Oxford University Press, 2019), p. 497.

[331]T. HERRAN, *Essai d'une théorie générale de l'entraide policière internationale*, op.cit., p.122.

[332] Art. 13 op.cit.

[333] Art.13, *opt.cit.*

[334] La Cour de justice de l'UE a posé ce principe de l'applicabilité immédiate du droit communautaire dans *l'arrêt Costa contre ENEL de 1964* et confirmée par *un arrêt Simmenthal du 9 mars 1978* précisant que le droit communautaire « *fait partie intégrante [...] de l'ordre juridique applicable sur le territoire de chacun des États membres* ». https://www.wikiterritorial.cnfpt.fr/. Consulté le 19 novembre 2022.

B- Des solutions envisageables

D'abord, s'agissant du conflit positif de juridiction pour juger les faits, d'emblée, chaque Etat étant souverain (parfois avec des intérêts divergents), chacun pourrait, vouloir retenir sa compétence pour juger les faits le rattachant, d'où le jugement par chaque Etat. Dans cette hypothèse, la détermination des faits entrant dans la saisine de chaque Etat doit faire l'objet de concertations préalables.[335] Cependant, cette option ne permettra pas d'appréhender globalement le phénomène criminel, étant donné que chaque Etat se contenterait d'appréhender uniquement les éléments factuels se rattachant à sa compétence[336]. Une seconde solution consiste à « … *centraliser, si possible, les poursuites dans un Etat membre* »,[337]. Elle semble être une solution satisfaisante[338], en ce sens qu'elle permettrait d'éviter les conséquences néfastes des poursuites parallèles, en l'occurrence les risques de violation de la règle *ne bis in idem.*[339] Aussi, favorise-t-elle une économie de temps,

---

335 T. HERRAN, *Essai d'une théorie générale de l'entraide policière internationale*, op.cit., p.584.

336 Sans oublier le grand risque de violation du principe *ne bis in idem.*

337 Certains instruments adoptés au niveau européen contiennent déjà des critères permettant de choisir l'État membre le mieux placé pour exercer des poursuites.

338 Pour ce faire, les autorités des autres Etats concernés devront dénoncer officiellement les infractions et les personnes interpellées seront remises par, soit par le biais de l'extradition ou celui-ci du mandat d'arrêt européen. Tous les éléments récoltés pendant la procédure seront utilisés dans le cadre des poursuites et du jugement. La communication des pièces pourrait se faire en application des dispositions de l'accord ECE, relatif aux canaux d'échanges spontanés et directs des informations et preuves.

339Sur le principe, V. par exemple, D. FLORE, *Droit pénal européen. Les enjeux de la justice pénale européenne*, op. cit., pp. 481 ; P. BEAUVAIS, « La répartition a posteriori du contentieux : la règle ne

d'argent et une appréciation globale du phénomène criminel.[340] Pour ce faire, « *le choix de la juridiction compétente devra dépendre des circonstances de l'espèce et d'une appréciation des critères tels que : l'Etat dans lequel se trouvent les personnes interpellées ou celui sur le territoire duquel s'est déroulé la plus grande partie de la procédure, où les faits commis sont les plus graves*... ».[341]

Ensuite, concernant spécifiquement la question du contrôle des actes de l'équipe commune d'enquête, dans une dynamique d'une intégration verticale[342], une partie de la doctrine proposait un contrôle des actes de l'équipe commune par une juridiction pénale supranationale.[343] Mais cette solution a été abandonnée. En effet, elle comporterait des inconvénients en termes de lourdeur et de coût, mais aussi elle constituerait un non-respect du principe de subsidiarité.[344] Du reste, la matière pénale étant un domaine souverainement conservé, les Etats n'ont pas été favorables à une telle solution. Le contrôle par chaque Etat sur le territoire duquel les actes sont posés, semble la solution idoine. C'est d'ailleurs celle retenue par la jurisprudence française en ce qui concerne le contrôle

---

bis in idem transnationale », in V. MALABAT. (dir.), *Juge national, européen, international et droit pénal*, éd. Cujas, 2012, p. 95.

340 V. MALABAT. (dir.), *La dimension internationale de la justice pénale*, Rapport de recherche, *Mission Droit et Justice*, 2011, p. 120.

341 Décision-cadre 2009/948/JAI du conseil européen du 30 novembre 2009 relative à la prévention et au règlement des conflits en matière d'exercice de la compétence dans le cadre des procédures pénales.

342 T. HERRAN, *Essai d'une théorie générale de l'entraide policière internationale*, op.cit., p.122.

343 D. FLORE, S. DE BIOLLEY, « Des organes juridictionnels en matière pénale pour l'Union européenne », *Cah.dr.eur.*, 2003, p.616-617.

344 T. HERRAN, « Les équipes communes d'enquête, un modèle de coopération en matière pénale au sein de l'Union européenne ? », *Cahiers de la sécurité et de la justice*, 2022/2 (n°55), p.102.

de l'exécution des commissions rogatoires internationales.[345] Cependant pour certains auteurs, ce contrôle serait limité car aucune contestation n'est possible dès lors que les éléments d'enquête ont été transmis aux autorités de jugement.[346] De ce fait, l'ouverture d'un recours spécifique aux équipes communes d'enquête dans chaque Etat, avec des modalités spécifiques, semble adaptée pour ces auteurs.[347]

Enfin, quant aux conflits de lois, il convient de souligner qu'en vertu du principe de la solidarité des compétences législative et juridictionnelle,[348] la juridiction saisie ne peut appliquer que ses lois nationales de droit pénal et de procédure pénale.[349] Or, l'application de la loi d'un Etat plutôt qu'un autre comporte des inconvénients notamment en cas de divergences de peines prévues, ou de critères de recevabilités des éléments de preuves. Cette théorie est d'ailleurs très controversée.[350] Seule une réelle harmonisation, voire une unification du droit pénal matériel et de la procédure pénale, consistant en « *un alignement des systèmes ou des droits nationaux, ou encore une substitution pure et simple d'une norme unique*

---

345 Suivant l'Arrêt Cass. crim., 24 juin 1997, bull. n°252, « *les juridictions sont compétentes pour statuer sur la régularité des actes accomplis sur le territoire national pour l'exécution des commissions rogatoires adressées par les autorités judiciaires étrangères* ».

346 T. HERRAN, *Essai d'une théorie générale de l'entraide policière internationale*, op.cit., p.587.

347 Ibid.

348 M. DUFFOURC, « Conflits de compétence entre juridictions répressives des Etat membres », *Droit pénal*, n°09, Etude n°21, 2010, op.cit., p. 21-24.

349 B. BOULOC, *Procédure pénale*, Dalloz, 2èd. 2015., p. 533.

350 A. HUET et R. KOERING JOULIN., *Droit pénal international*, 3ème éd., coll. Thémis, PUF, 2005, p. 188.

aux diverses normes nationales en présence »,[351] pourrait apporter une réponse suffisamment satisfaite.

Somme toute, bien vrai que les questions sus-évoquées, du point de vue technique, se posent, dans la pratique[352], curieusement, aucune d'elles n'a été insurmontable.[353] Très souvent, la flexibilité qu'offre le mécanisme de l'ECE, permet lors des opérations, d'anticiper sur certaines questions et de rechercher les arrangements nécessaires.[354]

Paragraphe II : Les carences relatives au cadre juridique régional ouest-africain

Le cadre juridique régional ouest-africain en matière de coopération judiciaire est essentiellement régi par les instruments juridiques de coopération en matière pénale, sécrétés par les institutions communautaires ouest-africaines telles que la CEDEAO et l'UEMOA mais aussi certaines conventions bilatérales ou multilatérales sectorielles en la matière. L'analyse de ce cadre établit

---

[351] JC. GAUTRON, « Harmonisation, coordination, unification », in S. POILLOT PERUZZETTO (dir), *Trajectoire de l'Europe, unie dans la diversité depuis 50 ans,* Dalloz, 2008, p.181-188.

[352] Voy. Les décisions de l'Audiancia Nacional espagnol du 22 décembre 2009 et 12 mai 2010, résolutions n°80/2009 ; 40/2010 ; n°480/2009 du 22 mai 2009, citées par C. FAUCHON, *L'expérience franco-espagnole en matière d'équipes communes d'enquête, op. cit.* p.68.

[353] J. LELIEUR, « La reconnaissance mutuelle appliquée à l'obtention transnationale de preuves pénales dans l'Union européenne : une chance pour un droit probatoire français en crise ? », *RSC*, 2011, p. 1-19.

[354] Le meilleur moyen, pour résoudre ces conflits, serait d'inciter les Etats au dialogue. La voie de la négociation semble celle privilégiée dans les hypothèses de coopération conjointe. C'est en tout cas celle qui est mise en avant pour les équipes communes d'enquête dans la coopération Franco-espagnole.

deux constats majeurs : d'une part l'absence d'un cadre régional intégré en matière d'ECE (**A**) et d'autre part, une consécration inachevée par un accord quadripartite de 2017 (**B**).

A- L'absence d'un cadre juridique intégré ouest-africain en matière d'enquêtes conjointes

Dans l'espace CEDEAO, la coopération judiciaire entre les pays membres est régie par deux conventions régionales majeures[355], auxquelles s'ajoutent parfois des instruments bilatéraux[356] qui précisent les modalités d'application de la coopération. Il est cependant à regretter qu'aucun de ces textes ne prévoit expressément les ECE, en dépit de l'engagement des Etats « *à promouvoir la coopération judiciaire en vue d'harmoniser les systèmes judiciaires et juridiques*[357] »[358]. En effet, la convention d'entraide judiciaire en matière pénale de 1992, comme

[355] La première est la Convention d'entraide judiciaire en matière pénale signée le 29 juillet 1992 et la deuxième est la Convention d'extradition du 6 août 1994.

[356] Avec les États extérieurs à la CEDEAO, la coopération en matière d'entraide judiciaire repose sur l'existence d'une convention, d'un traité ou d'un accord de coopération judiciaire, à l'exemple de ceux signés par le Niger entre les années 1960 et 2000 avec le Mali, la Suisse, la France, l'Algérie, le Nigéria, la Chine et la Libye. Le cas échéant, cette coopération est faite au cas par cas, selon les relations diplomatiques entre les pays concernés, de façon ad hoc ou suivant le principe de réciprocité. voy. A. TISSERON, *La coopération sécuritaire et judiciaire en Afrique de l'Ouest face au défi de la lutte contre les groupes armés jihadistes*, Étude 81, IRSEM, juin 2021, p. 63-79.

[357]Art. 57 du traité CEDEAO révisé (1993).

[358] M. IBRIGA, S-A. COULIBALY, D. SANOU, *Droit communautaire ouest-africain*, Ouagadougou, Université de Ouagadougou, U.F.R. de Sciences juridiques et politiques, *collection précis de de droit burkinabè*, 2008, p.181.

bien d'autres[359], se contente d'affirmer que « *Les États membres s'engagent à s'accorder mutuellement, selon les dispositions de la présente Convention, l'aide judiciaire la plus large possible dans toute procédure ou enquête visant des infractions dont la répression est, au moment où l'entraide est demandée, de la compétence des autorités judiciaires de l'État membre requérant*[360] ». S'il est vrai que cette disposition consacre une formule large qui renvoie à la possibilité d'adopter toutes les formes de coopérations possibles, y compris les enquêtes conjointes, elle n'y apporte pas plus de précisions. Elle ne saurait en elle seule, fonder un régime juridique de l'ECE auquel les praticiens pourraient recourir en l'absence de dispositions internes qui la prévoient expressément, à l'image de celles européennes. Il en est de même de l'accord de coopération en matière de police criminelle entre les Etats membres de la Communauté Economique des Etats de l'Afrique de l'Ouest (CEDEAO).[361] Il affiche dans son préambule, la volonté des nations concernées de combattre la criminalité transnationale par la coopération internationale, en disposant que « ... *la lutte contre la criminalité transnationale constitue une préoccupation commune et*

---

[359] Notamment l'article 18 de la Convention de l'Union africaine sur la prévention et la lutte contre la corruption adoptée par les chefs d'Etats au Sommet de l'Union africaine de Maputo du 11 juillet 2003.

[360] CEDEAO, *Convention relative à l'entraide judiciaire en matière pénale*, 29 juillet, article 2, paragraphes 1 et 2. Cette entraide judiciaire concerne le recueil de témoignages ou de dépositions, la fourniture d'une aide pour mettre à disposition de l'État requérant des détenus ou d'autres personnes à des fins de témoignage, la remise de documents judiciaires, les perquisitions et saisies, l'examen d'objets ou de lieux, les saisies et confiscations, la fourniture de renseignements, de pièces à conviction ainsi que de dossiers et documents.

[361] L'accord de coopération en matière de police criminelle entre les Etats membres de la Communauté Economique des Etats de l'Afrique de l'Ouest (CEDEAO) a été signé à Accra au Ghana le 6 juillet 2006.

nécessite par conséquent une action concertée des Etats de la CEDEAO ».[362] Or, ce texte communautaire ne prévoit pas la possibilité de la constitution d'une ECE. En sus, en s'intéressant seulement à la coopération policière[363], il n'englobe pas totalement « *la petite entraide judiciaire ou entraide judiciaire mineure* »[364].

Il convient de noter que si ces instruments intégrés n'ont pas prévu cet outil innovant de coopération judiciaire, cela pourrait s'expliquer par rapport à leur époque d'adoption où la criminalité transnationale organisée et le terrorisme n'étaient pas véritablement connus[365] dans leur essor actuel, nécessitant une coopération plus fluide. Aussi, l'ECE nécessitant un degré élevé de confiance mutuelle touchant à la souveraineté des Etats, une réticence des Etats quant à ce degré d'ouverture nous semble explicative. Dans ce sens, « il est difficile d'imaginer que des Etats qui ont pendant longtemps été méfiants les uns des autres, puissent devenir des partenaires solides devant un problème, fût-il commun », comme l'explique Gérard TARBANGDO.[366]

---

[362] Préambule de l'accord de coopération CEDEAO en matière de police criminelle, op.cit.

[363] Effectivement en matière policière, conformément aux dispositions de son article 8, cet accord comporte des dispositions permettant une coopération policière poussée, organisée par les Bureaux Centraux Nationaux d'Interpol, allant du simple échange d'informations au déplacement des agents de sécurité sur territoire étranger, pour y poser des actes d'enquêtes.

[364] J-C. MARTIN, *Règles internationales relatives à la lutte contre le terrorisme*, Bruylant, Bruxelles, 2006, p. 156.

[365] A. TISSERON, *La coopération sécuritaire et judiciaire en Afrique de l'Ouest face au défi de la lutte contre les groupes armés jihadistes, op.cit,* p. 13-18.

[366] G. TARBANGDO, *Les Etats de la CEDEAO à l'épreuve du terrorisme dans l'espace Ouest-africain*, Ouagadougou, Nouvelles Editions Burkinabè, 2021, p.80-81 et ss.

Quant à l'Union Economique et Monétaire Ouest Africain (UEMOA), elle a pris la directive n°02/2015/CM/UEMOA relative à la lutte contre le blanchiment des capitaux et le financement du terrorisme du 02 juillet 2015 dans les Etats membres, les incitant à prendre les dispositions législatives et règlementaires nécessaires en vue notamment de renforcer la coopération judiciaire avec les autres Etats. Comme reproché à la convention d'entraide CEDEAO, cette loi uniforme UEMOA, ne consacre pas non plus expressément les ECE mais se contente d'une incitation à la coopération la plus large possible. Mieux, comme l'a su bien relever Adama KAFANDO, les mécanismes procéduraux de coopération judiciaire prévus dans l'espace UEMOA demeurent les Commissions rogatoires internationales et le principe de reconnaissance mutuelle.[367] Or, comme souligné plus haut, le fonctionnement des CRI ne permet pas une coopération judiciaire fluide comme requiert l'ECE.

Du reste, une consécration des ECE par les instruments communautaires ouest-africains aurait l'avantage de les rendre plus accessibles au plan interne grâce à la supranationalité du droit communautaire[368], à l'image du droit OHADA[369] qui constitue aujourd'hui un exemple réussi d'intégration juridique et judiciaire en

---

[367] A. KAFANDO, *La coopération judiciaire en matière de blanchiment dans l'espace UEMOA : état des lieux et perspectives*, *op. cit.* p.298.

[368] P. MEYER et L-M. IBRIGA, « La place du droit communautaire UEMOA dans le droit interne des Etats membres », *Revue Burkinabè de Droit (RBD)* N°37 du 1er semestre 2000, p.28-46 ; L-M. IBRIGA, S-A. COULIBALY, D. SANOU, *Droit communautaire ouest-africain*, op. cit.p.37-42.

[369] M. BOLMIN, G. BOUILLET-CORDONNIER, K. MEDJAD, « Harmonisation du droit des affaires dans la zone franc », *Journal de droit international*, 1994, p.375 et ss.

Afrique[370]. En outre, l'actualité et la multiplication des opérations militaires conjointes entre certains pays du G5 Sahel contre les groupes terroristes[371] sont autant d'exemples qui confortent notre conviction de la nécessité de recourir aux équipes communes d'enquête sur le plan judiciaire. En effet, le tableau récapitulatif des opérations militaires conjointes transfrontalières de 2013 à 2018, fait état de la continuité et du dynamisme de cette pratique de coopération opérationnelle[372]. C'est cette vision d'action concertée qui a sans nul doute amené l'adoption de l'accord tripartite, aujourd'hui quadripartite, qui constitue un début de consécration des ECE en Afrique de l'Ouest quoique son architecture se distingue de celle conçue dans l'union européenne.

B- La consécration inachevée des enquêtes conjointes par l'accord quadripartite de 2017

En vue de renforcer la coopération judiciaire pour lutter efficacement contre la criminalité transnationale[373], trois (03) pays de la région du sahel, que sont le Mali, le Niger et le Tchad, ont conclu un accord le 09 mai 2017[374]. Ils seront rejoints le 19 mars 2019 par le Burkina

---

370 A. MOULOUL, « Comprendre l'Organisation pour l'harmonisation en Afrique du Droit des Affaires (OHADA) », 2è éd, Niamey, juin 1999. ; C. MOUKALA-MOUKOKO, « l'état de l'application du droit pénal des affaires Ohada dans les états-parties », *Ecole Régionale Supérieure de la Magistrature*(ERSUMA-), 2013, p.2.

371 N. DESGRAIS, *Le G5 Sahel, en réaction à la mutation de l'environnement stratégique sahélien, Politiques régionales de coopération et niveaux d'engagement des États membres*, Fondation pour la Recherche Stratégique, juin 2018. P.77et ss.

372 *Ibid.*

373 A. TISSERON, *La coopération sécuritaire et judiciaire en Afrique de l'Ouest face au défi de la lutte contre les groupes armés jihadistes, op.cit,* p. 13-18.

374 *Ibid.* p.72.

Faso[375]. La signature de cet accord est intervenue à un moment où ces Etats sont confrontés aux grands défis de l'heure que sont le terrorisme, le crime organisé, le trafic des armes le trafic de drogues, la traite des personnes[376]. L'accord de coopération judiciaire, signé par ces pays de la bande sahélienne, prévoit plusieurs modalités de coopération. Il s'agit, entre autres, de l'échange des actes judiciaires, des commissions rogatoires internationales, de la comparution des témoins et de l'extradition.[377] Il autorise également des enquêtes conjointes, mais aussi des transferts de poursuites. S'agissant particulièrement des enquêtes conjointes, au titre VIII de cet accord, il est prévu clairement la faculté pour les Etats parties, d'organiser des enquêtes conjointes[378]. Les articles 74 et 75[379] dudit accord autorisent les officiers de police judiciaire, sur leur

---

[375] J. FINOGBE, « Burkina Faso : Les députés ratifient l'accord tripartite de la coopération judiciaire », Hémicycles d'Afrique, 29 mars 2019. https://hemicyclesdafrique.com/burkina-faso-les-deputes-ratifient-laccord-tripartite-de-la-cooperation-judiciaire/ consulté le 12 septembre 2022.

[376] G. TARBANGDO, *Les Etats de la CEDEAO à l'épreuve du terrorisme dans l'espace Ouest-africain, Ouagadougou, op.cit.*, p.37-42 et ss.

[377] Voir l'accord de coopération judiciaire entre le Mali, le Niger, le Tchad et le Burkina, https://www.g5sahel.org/accord-judiciaire-entre-le-mali-le-tchad-et-le-niger/. consulté le 24 novembre 2022.

[378] « Les frontières entre le Mali, le Tchad et le Niger n'existent plus en matière judiciaire », a commenté le ministre tchadien de la Justice, Mahamat Hassan, qui salue « un accord historique » dans «la lutte contre le terrorisme et la criminalité transfrontalière ». https://www.letemps.ch/monde/un-accord-judiciaire-conclu-entre-niger-tchad-mali consulté le 24 novembre 2022.

[379] Art.74 : « L'État partie requis autorisera les officiers de police judiciaire et les techniciens de la police judiciaire de l'État partie requérant à participer à tous les actes d'investigations réalisés sur son territoire [et], sur commission rogatoire d'un juge d'instruction ou sur réquisitions d'un procureur de la République, à procéder à des auditions ».

propre initiative que sur une commission rogatoire d'un juge ou une réquisition d'un procureur de participer à une enquête conjointe. Cependant, plus de cinq (05) ans après l'adoption de cet instrument, aucune enquête conjointe n'a été mise en place sur la base de cette convention[380].

L'explication pourrait se trouver, à notre sens, dans l'insuffisance du cadre juridique précité à travers la rédaction laconique de ces dispositions qui manquent de clarté quant au régime juridique de ces enquêtes conjointes. En effet, si l'intitulé du titre traite entre autres d'enquêtes conjointes, et que l'article 74 autorise les OPJ à participer aux investigations dans le pays requis, l'article 75 en revanche, subordonne l'enquête conjointe à l'émission d'une commission rogatoire[381], avec tous ses inconvénients déjà exposés. Aussi, aucune précision n'est faite quant au déroulement des enquêtes, les attributions des acteurs ainsi que le régime d'échanges des informations obtenues dans ce cadre. Or, ces éléments sont très importants, car ils permettent d'apprécier les questions essentielles de compétence et d'une manière générale, la régularité de la procédure[382]. Cette ambigüité, doublée de la condition de commission rogatoire, pourrait donc expliquer le manque d'engouement des acteurs à y

---

[380] Suivant nos différents entretiens avec la majorité des acteurs judiciaires et les observateurs avisés tels que les directeurs chargés de la coopération judiciaire les enquêtes judicaires conjointes sont méconnues des milieux judicaires, contrairement à celui policier ou quelques expériences existent.

[381] Ceci constitue une différence fondamentale d'avec le régime juridique des ECE dans le cadre européen qui exclue la CRI dans le principe de fonctionnement de l'ECE car elle est source de lenteur et d'incompréhension aussi bien dans ses transmissions que son exécution. Notons tout de même que la transmission d'autorité judiciaire à autorité judiciaire est admise par l'accord quadripartie dans certaines circonstances.

[382] C. AMBROISE-CASTEROT et Ph. BONFILS, *Procédure pénale*, PUF, Thémis droit, 2ème éd. 2018.

recourir avec le risque de blocage technique des dossiers, voir des nullités[383]. Il serait donc incongru pour un praticien d'entamer une procédure dont il n'a pas tous les contours juridiques. Néanmoins, ces insuffisances peuvent être suppléées, si toutefois au niveau interne des textes de procédures pénales prévoient les ECE de façon précise. D'où donc leur nécessaire consécration en droit interne.

Section II : La nécessité d'une pleine consécration des équipes communes d'enquête au plan national

Comme avancent certains auteurs avec insistance, « *si le cadre international de poursuite et de répression des infractions internationales reste certainement le plus satisfaisant intellectuellement, il faut noter que faute de juridiction et de procédures adéquates, c'est d'abord dans l'ordre interne que s'est inscrite la répression des infractions internationales. De sorte que la répression nationale reste encore la règle et la répression internationale l'exception* »[384]. Il existerait en conséquence « une obligation de prendre les mesures internes nécessaires selon les sources »[385] pour une réponse judiciaire efficace à tous les niveaux. Dans le contexte des ECE, le modèle européen de l'internalisation des ECE parait illustratif (**Paragraphe 1**), en revanche, dans l'espace ouest africain, la majorité des législations nationales l'ignore complètement (**Paragraphe 2**).

---

383 J. PRADEL, *Procédure pénale*, Cujas, Paris 19è éd. 2017.

384 H. ASCENSIO, E. DECAUX, A. PELLET (dir.), *Droit international pénal*, Paris, Pedone, 2è éd., 2012, p. 1055.

385 *Ibid.*

Paragraphe I : Analyse de l'internalisation des équipes communes d'enquête en droit européen

Dans le cadre de l'édiction des règles prévoyant les ECE dans le droit interne des Etats, nos recherches nous ont permis de faire deux constats majeurs dans l'espace européen, qui posent le problème de la communautarisation du droit pénal.[386] Pour réserver une meilleure assise procédurale aux ECE, certains Etats comme la France, ont pris l'initiative d'internaliser les ECE dans leur procédure pénale (**A**), par l'adoption de textes subséquents. D'autres par contre, même s'ils n'ont pas adopté cette posture, pourraient néanmoins, faire recours aux ECE en se contentant du cadre juridique communautaire avec les risques d'imprécisions (**B**).

A- L'exemple français de l'internalisation des équipes communes d'enquête

Par la loi du 9 mars 2004 portant adaptation de la justice aux évolutions de la criminalité, dite loi de Perben[387], les équipes communes d'enquête, ont été

[386] A. BERNARDI, « Stratégies pour une harmonisation des systèmes pénaux européens », *Archives de politique criminelle,* 2002/1 (n° 24), p.195 à 233.

[387] En référence au ministre de la Justice d'alors, Dominique PERBEN, qui avait conduit le projet de loi. La loi du 9 mars 2004, portant adaptation de la justice aux évolutions de la criminalité, constitue la seconde grande réforme pénale qui vient, après la loi Guigou du 15 juin 2000 relative à la présomption d'innocence, modifier en profondeur le paysage judiciaire français.

transposées[388] dans le corpus juridique français conformément à ses engagements internationaux[389]. La volonté du législateur français de lutter plus efficacement contre la criminalité organisée et le terrorisme l'a conduit à optimiser les moyens déjà mis à la disposition des magistrats et des enquêteurs pour réaliser les investigations à l'étranger sans recourir au formalisme habituel en la matière.

En utilisant toutes les possibilités déjà offertes par l'article 13 de la convention du 29 mai 2000 et la décision cadre du 13 juin, la loi du 9 mars 2004, a modifié le code de procédure pénale français, en y consacrant expressément cette forme de coopération judiciaire. Ainsi, aux termes des articles 695-2 et 695-3 du code de procédure pénale, les enquêteurs français et étrangers sont-ils autorisés à réaliser, dans certaines conditions, des actes sur les territoires des autorités judiciaires ayant signé une équipe commune d'enquête. Ce cadre juridique leur offre ainsi une très grande proximité, des échanges plus rapides et des habitudes de travail en commun qui tendent à se rapprocher de celles utilisées dans le cadre d'une enquête nationale. Aux termes de l'article 695-2 précité, « … *l'autorité judiciaire compétente peut créer une équipe commune d'enquête, soit lorsqu'il y a lieu d'effectuer, dans le cadre d'une procédure française, des enquêtes complexes impliquant la mobilisation d'importants moyens et qui concernent d'autres Etats membres, soit lorsque plusieurs Etats membres effectuent des enquêtes relatives à des infractions exigeant une action coordonnée et concertée entre les Etats membres concernés* ». Le

---

[388] S. CORIOLAND, E. LETOUZEY, *La transposition du droit de l'Union européenne dans la loi pénale française : l'intégration d'un corps étranger*, CEPRISCA, Collection colloques, 2017, p. 19-21.
[389] En l'occurrence la convention européenne d'entraide judiciaire du 29 mai 2000 et la décision-cadre du 13 juin 2002.

Conseil constitutionnel, dans sa décision du 2 mars 2004, a validé l'approche pragmatique de la loi dans sa quasi-totalité, en considérant qu'il y avait une proportionnalité entre les nouveaux moyens de procédure et les risques des activités de la délinquance structurée pesant sur la société.[390]

Quatre (04) ans après, des précisions, notamment sur les autorités judiciaires compétentes pour entreprendre un accord ECE et sa direction opérationnelle, ont été apportées notamment par la circulaire du 23 mars 2009 de la garde des sceaux[391] en vue de guider davantage les praticiens. Mieux, plus qu'un manuel de procédure, cette circulaire constitue un outil d'encouragement des praticiens à initier une telle forme de coopération au tant que de besoins. Tout ceci n'est pourtant pas le cas pour certains pays européens qui pourraient opter de se contenter du dispositif communautaire.

B- L'option à risques de se contenter du droit communautaire

Se contenter du dispositif communautaire, nous interroge sur la portée juridique de la convention européenne d'entraide judicaire du 29 mai 2000, mais aussi sur les risques liés à ce choix. La CEEJ a été adoptée dans un contexte assez particulier[392] avec pour objectif d'imposer dans le domaine de la procédure pénale, des procédures

---

390 Décision n° 2004-492 DC, 2 mars 2004. Sur les 224 articles de la loi, qui entraînent la modification de 350 articles du Code de procédure pénale et de 70 articles du Code pénal, seules deux censures et diverses réserves d'interprétation ont été prononcées par le conseil constitutionnel. https://www.lexbase.fr/revues-juridiques/ . Consulté le 26 novembre 2022.

391 Circulaire du 23 mars 2009, op.cit.

392 L. MOREILLON et A. WILLI-JAYET, *La coopération judiciaire pénale dans l'Union européenne,* op.cit., p.176 ss.

uniformes pour tous les Etats membres, que sont notamment les équipes communes d'enquête et le mandat d'arrêt européen.[393]

Sur le premier volet, il faut le rappeler, les normes communautaires font partie intégrante des droits nationaux dès leur publication au Journal Officiel des Communautés Européennes ou leur notification à leur destinataire[394]. Leur insertion dans les ordres juridiques ne nécessite aucun acte de réception intermédiaire[395]. Ce faisant, la convention européenne du 29 mai 2000, dont l'article 13 crée un cadre juridique pour les ECE, en tant qu'instrument juridique relevant du droit dérivé de l'union, revêt ce statut. De ce point de vue, les Etats membres peuvent y recourir dans le cadre de leur coopération sans prendre un acte juridique particulier pour leur insertion dans l'ordre juridique. Ces normes sont donc d'office applicables dans leur ordre juridique interne en vertu du principe d'applicabilité immédiate[396] du droit communautaire.

En revanche, des questions liées à l'opérationnalisation des ECE demeurent. En effet, s'il est vrai que l'article 13 crée le cadre juridique communautaire pour les ECE, en l'absence d'arrangements bilatéraux ou de dispositions nationales, son opérationnalisation peut s'avérer très difficile (une véritable gymnastique juridique). De ce point de vue, la convention présente des

---

[393] *Ibid.*

[394] G. ISAAC, M. BLANQUET, *Droit communautaire général*, op.cit.

[395] CJCE 1964, Costa c/ ENEL Rec.,1964, p. 1141, concl. M. LAGRANGE : " L'ordre juridique communautaire constitue un ordre juridique propre, intégré au système juridique des Etats membres ".

[396] P. MEYER et L-M. IBRIGA, *«* La place du droit communautaire UEMOA dans le droit interne des Etats membres *», Revue Burkinabè de Droit (RBD)* N°37 du 1er semestre 2000, p.28-46. ; L-M. IBRIGA, S-A. COULIBALY, D. SANOU, Droit communautaire ouest-africain, op. cit.p.37-42.

insuffisances qui pourraient être suppléées soit par des accords bilatéraux, soit par les dispositions internes. Au nombre de ces insuffisances, on peut relever le manque de précisions sur la qualité des autorités compétentes pour engager une ECE. Est-ce une autorité judiciaire, répressive ou gouvernementale ? Aujourd'hui, plusieurs législations nationales européennes ont répondu à ces interrogations[397]. Le constat est tout autre dans l'espace ouest africain où une grande majorité des législations l'ignore.

Paragraphe II : Regard critique sur les législations nationales ouest-africaines en matière d'enquête conjointe

Les questions liées à la mise en œuvre de la coopération judiciaire sont en général, traitées dans les codes de procédure pénale qui se donnent pour ambition de définir le cadre procédural. Aussi, peuvent-elles être contenues dans certaines dispositions légales éparses.[398] Un tour d'horizon des législations nationales des pays de l'Afrique de l'ouest sur la question de la reconnaissance des ECE comme mécanisme de coopération judiciaire, indique d'une part, une méconnaissance de ce mécanisme par une grande majorité des législations nationales (**A**) et d'autre part, des rares cas de consécration quoiqu'inachevée (**B**).

---

[397] C. FAUCHON, *L'expérience franco-espagnole en matière d'équipes communes d'enquête, op.cit.*, p 4.

[398] Il s'agit notamment des textes spécifiques sur la coopération ou des textes sectoriels divers, aux chapitres desquels figurent des dispositions relatives à la coopération, en l'occurrence dans le domaine du terrorisme, du blanchiment des capitaux, de la corruption et de la traite des personnes

A- Du silence de la grande majorité des législations nationales

En matière de coopération, une grande majorité des législations nationales des Etats de l'Afrique de l'Ouest méconnait les équipes communes d'enquête ou enquêtes conjointes. Ceci, soit par un silence absolu sur le mécanisme, soit par des déclarations d'intention de coopération renforcée sans en déterminer le contenu.

Pour bon nombre des législations des Etats de la région ouest africaine, il existe un silence éloquent quant à la mise en place des équipes d'enquête conjointe. A titre illustratif, le code de procédure pénale du Burkina Faso de 2019[399], quoique adopté récemment, ne consacre pas un chapitre à la coopération judiciaire internationale, intéressant spécifiquement les cas du terrorisme ou de la criminalité organisée, qui requièrent une coopération renforcée. Ce silence du cadre légal des Etats concernés ne permet pas de s'y fonder exclusivement pour mettre en place des ECE, dans la mesure où le pays requis n'est obligé de satisfaire la demande de coopération, que dans la mesure de ce qu'autorise son droit interne.[400] Il en est de même pour la majorité des législations des pays tels que le Mali, le Togo, le Benin,[401] et les deux pays anglophones

---

[399] Loi n°040-2019/AN portant code de procédure pénale du 29 mai 2019.http://lexprafaso.justice.gov.bf.

[400] J. C MARTIN, *Règles internationales relatives à la lutte contre le terrorisme*, *op.cit*, p. 186.

[401] Notons que bon nombre des pays ouest-africains face à la recrudescence de la criminalité transnationale ont entamé une politique de modernisation de leur cadre juridique de répression. Dans cette dynamique les enquêtes conjointes ne doivent pas être occultées dans les différents projets de réformes.

que sont le Nigeria et le Ghana qui relèvent du système anglo-saxon.[402]

Puis, d'autres pays, sans prévoir expressément la mise en place des ECE, n'occultent pas non plus toutes formes de coopération y compris les enquêtes conjointes. Par exemple, l'article 20 de la loi n°2015-493 portant répression du terrorisme du 07 juillet 2015 de la Côte d'Ivoire prévoit que « *l'entraide le plus large possible est accordée aux Etats parties aux conventions contre le terrorisme et la criminalité organisée ou toute autre convention de lutte contre le terrorisme à laquelle la Côte d'Ivoire est partie, sous réserve de la réciprocité en matière d'enquête, de poursuite judiciaire et de recouvrement de biens et des avoirs confisqués* »[403]. Mais, cette large ouverture est assortie de conditions que sont : la réciprocité et la nécessité pour l'Etat partenaire d'être partie à une convention de lutte contre le terrorisme ou de la criminalité organisée[404]. Cette première condition de réciprocité est susceptible d'empêcher la constitution des ECE, si elles devaient uniquement avoir comme fondement juridique les textes nationaux. L'imprécision du cadre légal relevé, doublé de la condition de réciprocité ne sont pas de nature à favoriser une coopération renforcée. Il appert donc qu'il y a une quasi-inexistence des lois nationales consacrées à la mise en place des ECE dans l'espace ouest africain. Néanmoins, contrairement à

---

[402] NIGERIA, *Rapport annuel sur la mise en œuvre du Plan d'action de la CEDEAO en matière de Traite des Personnes*, 2020, p 28. Disponible à l'adresse : www.icmpd.org. consulté le 07 octobre 2023.

[403] Sur le plan national, le Gouvernement ivoirien a procédé à une adaptation de son cadre juridique, avec le vote le 7 juillet 2015, de la loi portant répression du terrorisme, complétée par celle du 14 novembre 2016 sur la lutte contre le blanchiment des capitaux et le financement du terrorisme.

[404] Art. 20 précité.

ce constat majoritaire qui se dégage, des rares cas de consécration des ECE en Afrique de l'Ouest sont à relever.

B- Des rares cas de reconnaissance des équipes communes d'enquête

Des rares cas de législations Ouest-africaines prévoyant expressément la mise en place des ECE, celui du Niger attire notre attention. En effet, l'article 649.76 du code de procédure pénale nigérien[405] dispose que « *L'Etat du Niger peut conclure des accords ou des engagements bilatéraux ou multilatéraux afin de mener des enquêtes conjointes. En l'absence de tels accords ou engagements, la possibilité de mener des enquêtes conjointes peut être décidée au cas par cas.* »[406]. Il ressort de cette disposition que les services d'enquête du Niger peuvent conclure des ECE avec des Etats de la région ouest africaine, mais aussi avec d'autres Etats africains ou non africains. Cette formulation du code de procédure, au-delà de la consécration des ECE, a le mérite, à notre sens d'être plus explicite que l'accord quadripartite évoqué au plan régional ouest africain. Elle tend à offrir une base juridique de principe aux ECE.

Cependant, si le Niger a le mérite de prévoir ce dispositif d'enquête, force est de constater que ce dispositif comporte des limites. En effet, il n'est pas minutieusement règlementé. Il ne répond pas aux questions procédurales à savoir : quelle autorité est-elle compétente pour conclure une enquête conjointe ? Quel est le champ d'application des enquêtes conjointes ? quel est le rôle et la responsabilité des différents enquêteurs ?

---

[405] Code de procédure pénale du Niger [*Loi n° 61-33 du 14 août 1961 portant Code de procédure pénale au Niger et l'ensemble de ses textes modificatifs*].
[406] Ibid. Art. 649.76.

Autant de préoccupations, qui ne sont pas clarifiées par ledit code de procédure pénale. Or, comme on le dit couramment en droit, « *interpretatio cessat in claris legis* »[407], ces précisions pourraient davantage donner une base juridique complète permettant aux investigateurs d'y recourir sans difficultés.

Outre le cas formel du Niger, d'autres, à l'étape de projet, méritent d'être signalés. En effet, dans une dynamique d'adoption de textes répondant aux exigences d'une réponse pénale efficace aux faits criminels, deux pays, à notre connaissance, ont entrepris d'intégrer les enquêtes conjointes dans leurs projets de réformes. Il s'agit du Sénégal et du Burkina Faso. En décembre 2021, avec l'appui technique de l'Institut International pour la Justice et l'Etat de droit (IIJ), le Sénégal a entrepris un nouveau projet de loi sur la coopération judiciaire internationale[408]. Ce projet prévoit un cadre juridique assez exhaustif pour l'entraide judiciaire, l'extradition, le transfert international de prisonniers. L'une des innovations majeures, c'est la consécration des enquêtes conjointes.[409] A l'instar du Sénégal, le Burkina Faso, depuis 2022 connait un avant-projet de relecture de son code de procédure pénale[410], adopté à peine quatre (04)

---

[407] Expression latine, selon laquelle en cas de disposition claire l'interprétation cesse.

[408] Voy. https://www.theiij.org/fr/event/iij-global-central-authorities-initiative-national-workshop-on-developing-a-comprehensive-legal-framework-for-international-judicial-cooperation-in-criminal-matters-in-senegal/ dernière consultation 08 août 2023.

[409] Ibid.

[410] Voy., J. OUEDRAOGO, « Analyse de la contrainte judiciaire au Burkina Faso », *Revue Internationale de Droit et Science Politique (R.I.D.S.P),* Vol. 3, N°3 – Mars 2023, pp. 38- 56 ; également « Le principe du contradictoire dans la procédure pénale burkinabè », *Bulletin scientifique du CEDHOP*, n°12, avril-juin 2023, p.5-25.

ans.[411] Au chapitre des innovations[412], on retient la consécration des équipes communes d'enquête, *au livre V, titre I,* traitant *des quelques procédures particulières.*[413] Il définit le champ d'application des équipes communes d'enquête avec une précision des autorités compétentes pour y recourir et n'occulte pas les questions post enquêtes, en encourageant une approche concertée sur la question.[414] A terme, ces lois devraient permettre aux praticiens de ces pays d'expérimenter ce modèle de coopération, au besoin, en s'inspirant de la pratique européenne qui en est pour l'heure, la référence.

---

[411] Entretien du 20 novembre 2023, avec Adama OUEDRAOGO, Magistrat, Directeur de la Législation et de la Codification au Ministère de la Justice et des droits humains.

[412] Il y'a également l'adoption de la procédure de flagrant crimes, qui jusque-là n'était reconnue qu'aux délits.

[413] Avant-projet de loi portant modification de la loi n°040-2019/AN du 29 mai 2019 portant Code de procédure pénale, à la date du 8 novembre 2023, en ses Art. 510-1 à 510-3, (p. 99-100).

[414] V. Art. 510-3.

CHAPITRE II

LA NECESSAIRE DYNAMISATION DU CADRE OPERATIONNEL

Le cadre opérationnel des ECE renvoie aux institutions étatiques ou supra-étatiques œuvrant en général dans la coopération judiciaire et plus particulièrement dans le domaine de la coopération renforcée. Aussi, s'intéresse-t-il aux hommes qui animent ce cadre, en l'occurrence, les praticiens. L'ensemble constitue un support opérationnel aux ECE sans lequel il n'est pas permis d'espérer une telle coopération. A travers notre étude, il se révèle impérieux d'avoir un système institutionnel supranational intégré de coopération judiciaire (**A**) qui constituerait le fil d'Ariane entre les autorités compétentes des pays coopérants.[415] Ces structures communautaires sont donc chargées de fournir des appuis techniques et logistiques nécessaires pour une mise en œuvre efficace des ECE. Aussi, au plan interne, les Etats se doivent de se doter d'un cadre opérationnel dynamique propice aux ECE (**B**).

Section I : La nécessité d'un cadre opérationnel supranational dynamique

L'existence au plan communautaire d'un cadre institutionnel, constitué de structures interétatiques ou

---

415 Institut International pour la Justice et l'Etat de Droit, IIJ, manuel de formation Ectac, contre-terrorisme : approfondissement des compétences des praticiens francophones et magrébins, Novembre-Décembre 2020, exposé 15, équipes communes d'enquête, disponible sur le site https://www.theiij.org/fr/ectac/. Consulté le 08 août 2023.

indépendantes, œuvrant dans le renforcement de la coopération judiciaire, est un atout considérable pour la mise en œuvre efficace des ECE. Il confère aux ECE un double avantage, celui de l'harmonisation des approches et pratiques en matière de coopération, mais un soutien technique et financier non négligeable. Au plan communautaire européen, des institutions très actives dans la coopération judiciaire sont régulièrement citées comme soutiens aux ECE en dépit de leur perfectibilité (**Paragraphe 1**). Dans l'espace ouest-africain, même si des structures de cette nature se font toujours attendre, des initiatives informelles récentes peuvent être dynamisées (**Paragraphe 2**) pour une véritable opérationnalisation des ECE en Afrique de l'Ouest.

Paragraphe1 : De la consolidation de la proactivité des principales institutions de soutien aux enquêtes conjointes dans l'espace européen

Depuis leur opérationnalisation dans l'Union européenne, les ECE bénéficient du soutien de plusieurs structures de coopération policière tout comme judiciaire. Au nombre de ces structures, l'appui d'Eurojust (**A**) et le soutien d'Europol (**B**) dans la création et le fonctionnement des ECE retiennent particulièrement notre attention. Ces deux institutions sont permanemment sollicitées par les Etats dans leurs actions conjointes face aux défis de la criminalité. Elles y apportent un soutien important sous diverses formes, d'où la nécessité de la consolidation de leurs actions.

A- L’appui d’Eurojust

Le 28 février 2002, le conseil européen[416] a institué[417] une unité de coopération judiciaire dénommée Eurojust,[418] qui s’est fixée pour objectif d’améliorer la coopération judiciaire entre les autorités nationales dans le domaine de la répression des infractions graves, notamment le crime organisé, le trafic de drogue et le blanchiment d’argent[419]. Dotée de la personnalité juridique,[420] elle est composée de procureurs, de juges ou d'officiers de police ayant des prérogatives équivalentes, détachés par chaque État membre conformément à son système juridique[421]. Selon son président, Ladislav HAMRAN, « *la criminalité transfrontalière étant malheureusement en hausse, Eurojust est de plus en plus appelée à fournir son assistance dans des dossiers importants et complexes. Cette situation entraîne une multiplication des opérations internationales par le pouvoir judiciaire, que nous devons coordonner en temps réel. En créant un centre de coordination à Eurojust, nous pouvons apporter une aide immédiate et faire en sorte que*

---

[416] Conseil européen de Tampere des 15 et 16 octobre 1999.

[417] La Décision du Conseil du 28 février 2002 instituant Eurojust afin de renforcer la lutte contre les formes graves de criminalité, JOUE, n° L 063 du 06/03/2002, p. 001-003.

[418] Eurojust, l’Agence de l’Union européenne pour la coopération judiciaire en matière pénale, est une plateforme unique basée à La Haye, aux Pays-Bas, au sein de laquelle les autorités judiciaires nationales collaborent étroitement pour lutter contre la grande criminalité transfrontière organisée.

[419] R. ZIMMERMANN., *la coopération judiciaire internationale en matière pénale*, *op.cit.*, p.610.

[420] Y. MAYAUD, *Terrorisme-Infractions, poursuites pénales et indemnisation*, *op.cit.* p.343.

[421]A. MEGIE, « L'institutionnalisation d'un pouvoir judiciaire européen incertain en quête de légitimité : l'unité de coopération Eurojust », *Politique européenne* 2007/3 (n° 23), p. 57 à 75.

les opérations soient menées en parallèle et profitent aux autorités judiciaires et policières de tous les pays participants, alors que des opérations individuelles menées par des États membres et des pays tiers donneraient de moins bons résultats ».[422] Eurojust a donc pour mission fondamentale, de stimuler, faciliter, améliorer, soutenir la coopération judiciaire en matière pénale[423].

S'agissant particulièrement des ECE, le nouveau règlement (UE) 2018/1727[424] sur l'Agence de l'Union européenne pour la coopération en matière de justice pénale (Eurojust), entré en vigueur le 12 décembre 2019, contient des dispositions spécifiques sur le rôle d'Eurojust en ce qui concerne les équipes communes d'enquête. En vertu de ce nouveau règlement, l'une des fonctions opérationnelles d'Eurojust sera de fournir « *un appui opérationnel, technique et financier dans le cadre des opérations et des enquêtes transfrontières menées par les États membres, y compris aux équipes communes d'enquête* ».[425] Elle peut sur sollicitation des Etats membres, « *mettre en place une équipe commune d'enquête conformément aux instruments de coopération pertinents* ».[426] Aussi, les membres nationaux d'Eurojust

---

[422]Ladislav HAMRAN est membre national de la République slovaque à Eurojust. M. Il a été réélu président d'Eurojust, l'Agence européenne de coopération judiciaire en matière pénale, le 13 octobre 2020 pour un nouveau mandat de quatre ans. https://www.eurojust.europa.eu/ .Consulté le 30 novembre 2022.

[423] V.N. THWAITES, « *Eurojust : autre brique dans l'édifice de la coopération judiciaire en matière pénale ou solide mortier* », RSC 2003, pp. 45-50.

[424] Le règlement (UE) 2018/1727 a également remplacé la décision 2009/426/JAI du Conseil du 16 décembre 2008 sur le renforcement d'Eurojust et modifiant la décision 2002/187/JAI instituant Eurojust afin de renforcer la lutte contre les formes graves de criminalité.

[425]Art. 4, par. 1 f.

[426] Art. 4, par. 2 d.

sont-ils habilités à participer aux équipes communes d'enquête, y compris à leur mise en place. [427]

En pratique, l'appui d'Eurojust aux ECE implique notamment d'évaluer l'opportunité de créer une ECE dans le cadre d'une affaire particulière, d'assister à la rédaction de son accord et d'apporter un soutien juridique et pratique tout au long de la durée de vie de l'ECE, y compris l'appui aux opérations conjointes.[428] En outre, Eurojust apporte son concours dans la coordination des stratégies d'enquête et de poursuite, la résolution des compétences et l'appui financier.[429] En 2018, les États membres ont demandé à Eurojust de coordonner près de 200 enquêtes transfrontalières actives sur le terrorisme, notamment par l'intermédiaire de 11 équipes communes d'enquête.[430] Les enquêtes en cours portent sur des attentats ou des projets d'attentats terroristes, l'appartenance à un groupe terroriste et le financement du terrorisme. Les États membres se tournent de plus en plus vers Eurojust pour obtenir un soutien dans le cadre de nouvelles enquêtes sur des crimes terroristes. De 2014 à 2017, le nombre de demandes a été multiplié par six (06).[431] Eurojust joue donc un rôle actif dans la mise en

---

[427] Art. 8, par. 1 d.

[428] F. FALLETTI, « Chronique d'Eurojust. Où en est Eurojust ? », *Revue internationale de droit pénal*, 2005/3-4 (Vol. 76), p. 551 à 559.

[429] EUROJUST – Joint Investigation Teams (JITs) https://www.eurojust.europa.eu/judicial-cooperation/eurojust-role-facilitating-judicial-cooperation-instruments/joint-investigation-teams . Consulté le 30 novembre 2022.

[430] Institut International pour la Justice et l'Etat de Droit, IIJ, manuel de formation Ectac, contre-terrorisme : approfondissement des compétences des praticiens francophones et magrébins, équipes communes d'enquêtes, op.cit. p.17.

[431] https://www.eurojust.europa.eu/supporting-judicial-authorities-fight-against-terrorism. Consulté le 30 novembre 2022.

œuvre des ECE[432] sans laquelle ces dernières n'auraient pas tant de succès dans la coopération judiciaire européenne[433], d'où la nécessaire consolidation de son rôle actif. Il en est de même de Europol qui est à la police, ce que Eurojust est au judiciaire.[434]

B- Le soutien d'Europol

L'Agence de l'Union européenne pour la coopération des services répressifs (Europol) a été instituée par la convention du 26 juillet 1995 ou convention d'Europol[435]. Chaque Etat membre de l'UE possède une Unité Nationale Europol (UNE), qui est un organe de liaison entre Europol et les autorités compétentes des autres Etats membres de l'union et regroupe notamment des officiers de police, de gendarmerie, des agents des douanes.[436] Ces unités nationales ont pour rôle de fournir à Europol les informations et les renseignements nécessaires pour l'accomplissement de ses fonctions et d'adresser à

---

[432] V.N. THWAITES, « Eurojust : autre brique dans l'édifice de la coopération judiciaire en matière pénale ou solide mortier *», op.cit.,* pp. 45-50.

[433] Eurojust a aidé les autorités roumaines et moldaves à démanteler une escroquerie à la crypto-monnaie qui a fait au moins 32 victimes, qui auraient perdu environ 320 000 EUR. Au cours d'une journée d'action conjointe, un total de 21 auteurs des deux pays ont été identifiés et inculpés d'escroquerie en Roumanie, et blanchiment d'argent exécuté par un groupe criminel organisé, en République de Moldavie. Eurojust a aidé les deux autorités nationales à mettre en place et à financer une équipe commune d'enquête (ECE) sur l'affaire.

[434] Y. MAYAUD, *Terrorisme-Infractions, poursuites pénales et indemnisation, op.cit.* p.343.

[435] A. PIQUET, « La trajectoire institutionnelle d'Europol, une hybridation confirmant un paradoxe de l'intégration ? », *Politique européenne*, 2019/3 (N° 65), p. 62 à 89.

[436] M. DUTHOIT, *La coopération pénale au sein de l'Union européenne, op.cit.* p.35.

Europol des demandes de conseils, d'informations, de renseignements et d'analyse[437]. Cette dernière a pour missions, notamment de faciliter les enquêtes dans les Etats membres, plus particulièrement en transmettant aux unités nationales toutes les informations pertinentes à cet égard.[438]

La participation de Europol aux équipes communes d'enquête est régie par le règlement (UE) 2016/794 du 11 mai 2016, qui est entré en vigueur le 1er mai 2017.[439] Conformément à ce texte, l'une des missions d'Europol consiste à organiser, coordonner et réaliser des enquêtes et des actions opérationnelles pour soutenir et renforcer les actions des autorités compétentes des États membres dans le cadre des équipes communes d'enquête.[440] A ce titre, elle peut proposer et aider à la constitution des équipes communes d'enquête et y participer, en tant que membre observateur[441]. Par exemple en 2011, Europol a fait partie de deux (02) Equipes communes d'enquête en matière d'aide à l'immigration et conduit plus de neuf (9) enquêtes européennes de grande envergure dont certaines ont conduit à la création des ECE. Elle se révèle être donc un véritable soutien aux ECE.[442]

---

[437] D. KOULECHOV, « Europol », Dictionnaire du renseignement, 2018, p. 367 à 370.

[438] Y. MAYAUD, *op.cit.* p.361.

[439]Disponible à l'adresse : https://eur-lex.europa.eu/FR/legal-content/summary/european-union-agency-for-law-enforcement-cooperation-europol.html consulté le 08 août 2023.

[440] Conformément à l'article 5 et, s'il y a lieu, en liaison avec Eurojust.

[441]Institut International pour la Justice et l'Etat de Droit, IIJ, *manuel de formation Ectac, contre-terrorisme : approfondissement des compétences des praticiens francophones et magrébins, équipes communes d'enquêtes*, *op.cit.* p.12.

[442] Rapport annuel Europol 2011, https://www.eurojust.europa.eu/ . Consulté le 30 novembre 2022.

L'existence de Eurojust et Europol en plus des autres structures[443] de coopération judiciaire européenne, constitue une véritable pierre angulaire pour les ECE qui nécessitent un accompagnement permanent et dynamique[444]. Si tel n'est pas le cas en Afrique de l'Ouest, néanmoins, des initiatives récentes annoncent une coopération judiciaire plus souple et fluide pouvant être favorable à la mise en œuvre des ECE dans cet espace régional africain, d'où leur nécessaire dynamisation.

Paragraphe II : De la dynamisation des initiatives de coopération judiciaire en Afrique de l'Ouest au profit des équipes communes d'enquête

Dans le contexte de la criminalité transnationale grandissante, plusieurs initiatives ont été lancées pour améliorer la coopération judiciaire en Afrique de l'Ouest.[445] Parmi ces initiatives,[446] celles mises en place

[443] Notamment le Réseau Judiciaire Européen (RJE) et le Réseau des Equipes Commune d'Enquête (Réseau ECE).
[444] P. GUEYE, *Criminalité organisée, terrorisme et cybercriminalité : Réponses de politiques criminelles*, *op.cit.* p.189.
[445]A. TISSERON, *La coopération sécuritaire et judiciaire en Afrique de l'Ouest face au défi de la lutte contre les groupes armés jihadistes*, op.cit. p.69.
[446] Voy. Le Réseau inter-agences de recouvrement des avoirs en Afrique de l'Ouest (ARINWA) qui a pour objectif le renforcement de la coopération judiciaire et de la coordination opérationnelle entre acteurs impliqués, au niveau national, dans la saisie et la confiscation des avoirs et les efforts visant une gestion efficace des avoirs ciblés par ces mesures. ; Le Système d'Information Policière en Afrique de l'Ouest (SIPAO ou West African Police Information System, WAPIS) qui vise la coopération policière en matière criminelle.

sous l'égide de l'Organisation des Nations unies pour la lutte contre la drogue et le crime (ONUDC), sont plus actives dans la coopération judiciaire. Il s'agit du Réseau des Autorités Centrales et des Procureurs d'Afrique de l'Ouest (WACAP), (**A**) et la Plateforme de Coopération Judiciaire du Sahel (PCPJ), (**B**) qui font aujourd'hui la promotion de la coopération judiciaire renforcée dans l'espace ouest africain.

A- Le WACAP, un réseau pouvant servir efficacement aux équipes communes d'enquête

Le réseau WACAP[447], créé en mai 2013, s'est donné pour mission[448] de faciliter la coopération internationale en matière pénale pour l'ensemble de la criminalité transnationale organisée, y compris le terrorisme. Il est mis en œuvre avec le soutien de la Communauté économique des États de l'Afrique de l'Ouest (CEDEAO)[449] dont les 15 États membres en sont partie, en plus de la Mauritanie et du Tchad. Ce réseau se donne pour ambition de renforcer la coopération entre les autorités centrales, les procureurs et les autres acteurs

---

[447] West African Network of Central Authorities and Prosecutors against Organized Crime en abrégé WACAP.

[448] Le réseau WACAP s'inscrit dans le cadre de la Déclaration de Bamako sur l'impunité, la justice et les droits de l'Homme en Afrique de l'Ouest. Conférence régionale sur l'impunité, la Justice et les droits de l'homme, Déclaration de Bamako du 04 décembre 2011, consulté la dernière fois le 03 décembre 2022.www.unowa.unmissions.org.

[449] G. TARBANGDO, *Les Etats de la CEDEAO à l'épreuve du terrorisme dans l'espace Ouest-africain*, *op.cit.*, p.62-.

judiciaires de la lutte contre la criminalité transnationale[450].

Dans son fonctionnement[451], le WACAP constitue un acteur de facilitation de la coopération judiciaire en ce sens qu'il permet l'établissement de contacts appropriés entre les points focaux des Etats membres en vue de faciliter l'accomplissement de leurs missions. Ceux-ci se partagent mutuellement et directement des informations juridiques et pratiques, à même de lever les obstacles à la coopération.

Dans cette dynamique, le WACAP peut servir efficacement à la mise en œuvre des ECE à travers les contacts directs des points focaux qui constituent un acquis pour tous les Etats membres. Mieux, le réseau a mis en place une plateforme d'échange rapide des informations informelles et formelles entre autorités centrales, procureurs et juges ainsi que la facilitation de l'accès aux informations juridiques et pratiques nécessaires aux acteurs. De l'avis des praticiens, cette plateforme est aujourd'hui un canal privilégié de transmission rapide des commissions rogatoires internationales[452]. Pour les besoins d'efficacité, des

---

[450] https://www.unodc.org/westandcentralafrica/fr/newrosenwebsite/criminal-justice-system/wacap.html . Dernière consultation 03 décembre 2022.

[451] Il s'appuie sur deux officiels en tant que points focaux désignés par chaque État membre. Il s'agit en l'occurrence d'un représentant de l'autorité centrale en charge de la coopération internationale en matière pénale, et un procureur ou un juge d'instruction travaillant dans le domaine de la lutte contre la criminalité organisée et les infractions connexes. Ibid.

[452] Entretien du 08 octobre 2022 avec Mike YANOGO, Juge d'instruction du TGI Ouaga II, membre du pôle judiciaire spécialisé dans la répression des actes terroristes. « *En pratique, les CRI sont transmises en copie avancée suivant le canal de la plateforme du réseau WACAP et par la voie du canal retenu par la convention ayant servi à la coopération, notamment la convention CEDEAO de 1992* ».

modèles types de demandes d'entraide simplifiées ont été conçus pour faciliter la tâche aux praticiens. Cette expertise du WACAP peut donc servir à la conception des modèles d'accord-types ECE, adaptés au contexte ouest-africain, à la disposition des acteurs judiciaires. D'ailleurs, le WACAP, en se donnant pour mission de « *soutenir non seulement la coopération opérationnelle entre deux ou plusieurs pays membres, y compris dans le cadre des enquêtes conjointes* »[453], se déclare en averti des exigences des enquêtes conjointes en termes de célérité et de proactivité.

Du reste, des exemples de demandes d'entraide judiciaire réalisées avec succès ne manquent pas. Au nombre de ces cas, on peut retenir l'affaire emblématique dite « *des bébés volés ou trafic de bébés* ». Dans cette affaire, une vingtaine de personnes ont été poursuivies pour *supposition d'enfants*[454], d'avoir participé à un trafic de bébés conçus au Nigeria puis amenés au Niger via le Bénin. Les personnes mises en cause étaient de nationalités Nigériane, nigérienne et béninoise de professions diverses, banquiers, homme d'affaires, un officier de l'armée et des hommes politiques très connus comme l'ex-premier ministre nigérien Hama Amadou ainsi que leurs épouses. Dans cette affaire, le Nigeria pays Anglophone et le Niger pays francophone, ont parfaitement coopérer grâce au réseau WACAP. Cette

---

453 A. KAFANDO, *La coopération judiciaire en matière de blanchiment dans l'espace UEMOA : état des lieux et perspectives, op.cit.* p.324.

454 Un délit consistant à attribuer la maternité d'un enfant à une femme qui ne l'a pas mis au monde, voire les articles 532-13 et suivants du code pénal burkinabè.

franche collaboration a permis aux juridictions nigériennes de rendre une décision de condamnation[455].

Ces acquis du WACAP en matière de coopération judiciaire fait de lui un acteur majeur dans la coopération judiciaire entre les pays membres qui fonde davantage notre conviction qu'il sera d'un grand soutien pour les ECE dans l'espace ouest-africain.

Cependant en dépit de ces acquis, le WACAP a besoin d'être renforcé comme le soutiennent Messieurs Papa GUEYE[456]et Adama KAFANDO[457]. Pour eux, il manque un véritable encrage institutionnel et demeure donc une structure informelle. En effet, le WACAP fonctionne sur la base d'un document de référence sans une portée juridique majeure[458]. Par conséquent, ce fonctionnement se fait « selon la volonté des États ce qui rend son existence précaire car si aujourd'hui les défis sécuritaires liés à l'évolution de la criminalité transnationale organisée obligent les États à coopérer, rien ne garantit une longévité du réseau à long terme »[459]. De

---

455A.R. IDRISSA « Hama Amadou condamné à un an ferme dans l'affaire du trafic de bébé à Niamey », publié le 13 mars 2017, *voaafrique.com*. Consulté le 03 décembre 2022.

456 P. GUEYE, *Criminalité organisée, terrorisme et cybercriminalité : Réponses de politiques criminelles, op.cit*. p.189.

457 A. KAFANDO, *La coopération judiciaire en matière de blanchiment dans l'espace UEMOA : état des lieux et perspectives, op.cit*. p.327.

458 Il s'agit d'un document intitulé « charte du WACAP » mais qui ne prévoit aucune disposition relative à sa ratification ni en son entrée en vigueur et un autre intitulé « règlement du WACAP » dont l'article 5 mentionne expressément qu'il n'est pas formel en l'état. Du reste, le caractère informel résulte même de la volonté de ses initiateurs qui voient dans les structures formelles beaucoup de formalisme, sources de lenteur dans la coopération.

459 A. KAFANDO, *La coopération judiciaire en matière de blanchiment dans l'espace UEMOA : état des lieux et perspectives*, ibid.

ce point de vue, il doit se transformer en une véritable organisation intégrée de centralisation de la coopération judiciaire, à l'image de Eurojust et Europol dans l'union européenne[460], pour se voir doter des pouvoirs élargis. Il en est de même pour sa sœur jumelle, la plateforme du sahel qui constitue une des prémices d'organe intégré pouvant faciliter la coopération judiciaire par les ECE.

B- La plateforme du sahel, prémices d'une institution intégrée en matière d'enquêtes conjointes

La Plateforme de coopération judiciaire du Sahel a été créée en 2010, et mise sur pied en 2012 par quatre (04) Pays sahéliens que sont le Burkina Faso, le Mali, le Niger et la Mauritanie. Le Sénégal a ensuite adhéré en 2014 et le Tchad en 2017. C'est une plateforme utilisée dans le cadre de la coopération judiciaire portant sur l'ensemble de la matière pénale et notamment, dans les affaires liées au terrorisme et la criminalité transnationale organisée. Elle a pour mission de renforcer la coopération judiciaire en matière pénale entre les États qui en sont membres. Elle facilite notamment la communication entre magistrats et autorités centrales nationales en charge de la coopération internationale en matière pénale conformément à leurs engagements bilatéraux, régionaux et internationaux[461].

Pour atteindre ces objectifs, la plateforme dispose dans chaque État, des points focaux nationaux, chargés de coordonner les demandes d'extradition et d'entraide judiciaire en matière pénale. Ils sont désignés respectivement par les ministres en charge de la Justice

---

[460] P. GUEYE, *Criminalité organisée, terrorisme et cybercriminalité : Réponses de politiques criminelles*, *op.cit.* p.189.

[461] https://pcjs-sahel.org/a-propos/mission/ .consulté le 03 décembre 2022.

des États parties conformément à leurs procédures internes. Ils sont en général, des cadres des directions en charge des affaires criminelles. Au Burkina Faso, le Directeur des affaires pénales et du sceau du Ministère de la justice, en est le point focal[462].

En termes d'acquis, la plateforme a facilité la communication entre les autorités centrales nationales chargées de rédiger, de transmettre et d'exécuter les demandes de coopération internationale en matière pénale[463]. Par exemple, dans le cadre des investigations suite à l'attaque du village de Samorouguan[464], le Burkina Faso avait formulé à l'endroit de l'État malien des demandes d'entraide. Lesdites demandes ont été acheminées, pour plus d'efficacité, par les points focaux de la plateforme au détriment de la voie diplomatique[465]. Le même type de coopération a été utilisé dans d'autres affaires similaires par le Burkina, telle l'attaque de l'hôtel Splendide à Ouagadougou du 16 janvier 2016 précitée,

---

462 Monsieur Pinnagnè Simplice BADO occupe le poste de Directeur des affaires pénales et du sceau depuis le 23 septembre 2021.

463 T. SAWADOGO., la contribution de la PCJP dans l'amélioration de la coopération judiciaire au sein de l'espace UEMOA ex-Directeur des affaires pénales et du sceau du ministère de la Justice du Burkina Faso, cité par Adama KAFANDO, *la coopération judiciaire en matière de blanchiment dans l'espace UEMOA : état des lieux et perspectives*, p.330.

464 Cette affaire est née suite à l'attaque d'un camp de gendarmerie installé dans un village (Samoroguan) situé à quelques kilomètres de la frontière entre le Mali et le Burkina Faso par un groupe d'une cinquantaine d'hommes armés. https://www.jeuneafrique.com/270720/politique/burkina-faso-3-gendarmes-tues-lors-dune-attaque-pres-de-frontiere-malienne/ consulté le 03 décembre 2022.

465 T. SAWADOGO., ex-Directeur des affaires pénales et du sceau du ministère de la Justice du Burkina Faso, La contribution de la PCJP dans l'amélioration de la coopération judiciaire au sein de l'espace UEMOA, op.cit.

ainsi que celle du trafic des bébés nigérians[466] impliquant des ressortissants du Burkina. On note également la conception de fiches pratiques standards et adaptées à la coopération judiciaire, la création d'un rédacteur d'entraide judiciaire qui est un logiciel en ligne, ouvert au professionnel, qui permet de procéder aux rédactions rapides et conformes des demandes d'entraide. A l'instar du WACAP, ces expertises et expériences de la PCJP peuvent servir efficacement à la création et à la mise en œuvre des ECE en Afrique de l'Ouest en les accompagnant avec l'appui de ses points focaux dans les différents pays membres ainsi que la conception de modèles types d'accord ECE. Comme le WACAP, la plateforme du Sahel comporte aussi des insuffisances liées à son caractère informel. Aussi, son espace géographique est très limité par rapport au WACAP d'où la création de ce dernier après elle.

Du reste, si l'appui des structures régionales intégrées sont nécessaires pour une mise en œuvre efface des ECE, celles nationales le sont également, car c'est à partir de ces organes que se met en branle la coopération judiciaire.

Section II : La nécessité d'un cadre opérationnel national proactif

Le cadre opérationnel national constitue l'un des piliers de la coopération judiciaire. Il s'agit principalement des autorités centrales des Etats mais par extension les praticiens qui animent ce cadre. Ce sont ces derniers qui

[466] Lefaso.net, « Une Burkinabè arrêtée à Cotonou pour trafic de bébés », publié le 20 juillet 2014, https://lefaso.net/ . Consulté le 03 décembre 2022.

formulent les demandes de coopération aux pays requis et exécutent celles venant des requérants. Notre étude s'est donc intéressée à ces deux entités internes de la coopération judiciaire que sont les autorités centrales et les acteurs judiciaires. Suivante l'analyse comparée faite, il appert qu'au plan européen, les autorités centrales sont plus modernes et les praticiens très engagés dans la coopération judiciaire **(Paragraphe 1).** En revanche, les cadres institutionnels nationaux ouest-africains sont en quête de dynamisme **(Paragraphe 2)**.

Paragraphe I : Aperçu sur le cadre opérationnel interne des pays européens

S'il est vrai que la coopération judiciaire européenne reste perfectible[467], il demeure qu'au plan interne des Etats membres, certains acquis importants participent à son dynamisme. Au nombre de ces acquis, on peut relever le dynamisme des autorités centrales avec l'institution des magistrats de liaison (**A**) et la promptitude des acteurs judiciaires dans la coopération(**B**), qui constituent un atout majeur pour l'application des ECE.

A- Du dynamisme des autorités centrales : l'institution des magistrats de liaison

L'institution des magistrats de liaison est tributaire du dynamisme de l'autorité centrale qui est la cheville ouvrière interne en matière de coopération judiciaire. En Europe, cette institution constitue un acquis pour la majorité des autorités centrales. La France et les Pays-Bas

[467] M. DUTHOIT, *La coopération pénale au sein de l'Union européenne*, *op.cit.* p.60 et ss.

sont des pays pionniers dans la création de l'institution du magistrat de liaison[468]. En effet, le 1er février 1993, après l'assassinat du juge italien Giovanni Falcone[469], la France a envoyé un magistrat français de l'ordre judiciaire auprès du ministère de la justice italienne afin de faciliter l'entraide judiciaire pénale avec l'Italie dans le cadre de la lutte contre la mafia[470]. Cette expérience, parmi tant d'autres, a conduit le Conseil de l'Union européenne à légitimer cette institution en lui donnant un cadre juridique par l'adoption d'une Action commune du 22 avril 1996[471] qui en définit les principales attributions.

Le Magistrat de liaison a pour mission principale, la facilitation de la coopération judiciaire, en matière civile comme pénale, en apportant une meilleure connaissance des différents systèmes judiciaires[472]. Il doit favoriser les liens entre juges et procureurs des deux pays, afin de faciliter l'exécution des demandes d'entraide dans le domaine judiciaire[473]. Son fonctionnement, s'apparente

---

468 J.P. RIVAUD et C. GONTRAN, « le magistrat de liaison, facilitateur de la coopération judiciaire » dir, J. FALXA, *coopération judiciaire internationale en matière pénale France, Brésil, Suriname*, Paris, l'harmattan, 2021.p.29 et ss.

469 Giovanni Salvatore Augusto Falcone, a été une figure judiciaire dans la lutte contre la mafia italienne. Né le 18 mai 1939 à Palerme, il est assassinat le 23 mai 1992 à Capci par la Mafia Cosa Nostra. C'est à son hommage que la convention contre la criminalité transnationale organisée, porte le nom de sa ville natale PALERME. Voir. https://fr.wikipedia.org/wiki/Giovanni_Falcone. Consulté le 08 août 2023.

470 P. CHAMBON et C. GUERY, *Droit et pratique de l'instruction préparatoire*, Dalloz, Paris, 2015/2016, 9ème édition, p. 814.

471 Acte commun, 22 avril 1996, JOCE L 105, 27 avri.1996.

472 J.P. RIVAUD et C. GONTRAN, *« le magistrat de liaison, facilitateur de la coopération judiciaire » op.cit.* p.29 et ss.

473 P. LABREGERE, « Les fonctions du magistrat de liaison et ses rapports avec les autres », DE KERCHVOE et WEYEMBERG (dir*), vers un espace judiciaire européen, Institut d'Etude européen*, Ed. Université de Bruxelles, 2000. P.12.

à celui-ci de l'ECE, en ce sens qu'il implique un déplacement du magistrat dans un autre pays à l'image des enquêteurs dans l'ECE. La différence est que le magistrat de liaison ne pose pas d'actes juridictionnels ni d'enquêtes. Il se contente de rapprocher les acteurs judiciaires par ses connaissances techniques, juridiques et pratiques du fonctionnement des juridictions des pays dont il assure la liaison[474]. Le magistrat de liaison constitue un avantage pour les ECE, en ce sens que les acteurs coopérants peuvent recourir à ses services, même de manière informelle, pour des questions techniques liées à la coopération ou pour contacter ses collègues de l'étranger[475]. Son rôle de facilitateur de la coopération peut donc servir à la création et au fonctionnement des ECE et d'une manière générale, susciter un pragmatisme des praticiens à la coopération judiciaire.

B- Du dynamisme des acteurs judiciaires : la culture de la coopération

La coopération judiciaire fonctionne bien dès lors que se développe chez les magistrats qui y sont impliqués, « *une culture de la compréhension mutuelle, de la connaissance et de la reconnaissance des autres, un réflexe pour utiliser les ressources disponibles concernant les autres systèmes judiciaires, et le réflexe de mener un travail en commun avec les magistrats de liaison, avec les procureurs d'Eurojust, ou les points de contact des*

---

[474] Le magistrat de liaison est ainsi chargé de suivre l'actualité législative du pays dans lequel il se trouve, ainsi que de mener des études de droit comparé et de communiquer au pays d'accueil des informations sur le droit, les institutions juridiques et judiciaires et vice versa.

[475] S. VUELTA SIMON, « Le rôle du magistrat de liaison dans un pays membre de l'Union européenne : l'Espagne », *Revue pénitentiaire et de droit pénal*, n°3, 2008, p.493-507.

réseaux judiciaires européens »[476]. Cette culture de la coopération est d'autant plus importante chez les praticiens, car ils sont les acteurs de premier plan dans la coopération judiciaire. En effet, ce sont les magistrats qui analysent les dossiers, qui savent les actes intéressant leurs dossiers et qui se trouvent à l'étranger. Ce sont eux qui bâtissent leur stratégie d'enquête en définissant les actes d'enquête à poser à l'étranger et la chronologie dans leur agencement. Le déclenchement du processus de coopération dépend d'eux. De leur niveau de compréhension des mécanismes de coopération judiciaire, tels que les ECE et de leurs bons réflexes, dépendent une issue favorable aux poursuites des infractions transnationales.

Aujourd'hui, plusieurs magistrats européens connaissent bien les équipes communes d'enquête et leur efficacité dans la coopération judiciaire[477]. Mieux, certains les ont expérimentées à plusieurs reprises et témoignent de leur particulière flexibilité dans la coopération[478]. De tels acquis ne peuvent que davantage offrir un meilleur lendemain pour la coopération judiciaire par les équipes

---

[476] Université Paul Cézanne Aix-Marseille III, Centre de recherche en matière pénale Fernand Boulan EA 32-41, « L'émergence d'une culture judiciaire européenne ? », actes de colloque du 16 et 17 janvier 2009, Cahiers de méthodologie juridique, PUAM janvier 2010, p1.

[477] A titre illustratif, le 19 octobre 2021, EuroJust et le Conseil de l'Europe, par le biais du Bureau du programme sur la cybercriminalité (C-PROC), ont organisé le 19 octobre l'Atelier conjoint sur la coopération internationale en matière de cybercriminalité : Equipes communes d'enquête/Investigations conjointes, réunissant environ 150 représentants des services répressifs, du ministère public et des autorités centrales responsables de la coopération judiciaire. https://www.coe.int/fr/web/cybercrime/-/council-of-europe-and-eurojust-joint-workshop-on-joint-investigation-teams-joint-investigations consulté le 05 mars 2023.

[478] C. FAUCHON, *L'expérience franco-espagnole en matière d'équipes communes d'enquête*, *op.cit.* p.6.

communes d'enquête. Ainsi, dans son analyse de *l'expérience franco-espagnole en matière d'équipes communes d'enquête,* ancienne de près d'une vingtaine d'années, Chloé FAUCHON, conclut-elle que la constitution et le fonctionnement des ECE n'ont plus de secret pour les acteurs judiciaires qui l'ont éprouvé à maintes reprises[479]. Au plan ouest-africain, en revanche, ces organes internes de coopération judiciaire sont plutôt en quête de dynamisme.

Paragraphe II : Regard sur le cadre opérationnel interne des pays de l'espace ouest-africain

Le fonctionnement de la coopération judiciaire en matière pénale dans la région ouest-africaine au plan interne, laisse percevoir de nombreuses insuffisances. Celles-ci sont liées au manque de dynamisme des acteurs internes de la coopération que sont les autorités centrales et les praticiens. Cet état de fait cause de nombreuses entorses à la coopération judiciaire. Or pour une coopération par les ECE, il y'a une nécessité absolue de dynamiser les autorités centrales (**A**) mais aussi un nécessaire changement de paradigme chez les acteurs judicaires dans leur pratique quotidienne (**B**).

A- La nécessaire dynamisation des autorités centrales ouest-africaines

En vertu du paragraphe 13 de l'article 18 de la Convention des Nations Unies contre la criminalité

[479] Ibid.

transnationale organisée[480], chaque État partie désigne une autorité centrale qui a la responsabilité et le pouvoir de recevoir les demandes d'entraide judiciaire et, soit de les exécuter, soit de les transmettre aux autorités compétentes pour exécution. Les autorités centrales désignées aux fins de l'entraide judiciaire remplissent une fonction importante car elles permettent d'accélérer les demandes d'entraide judiciaire par le simple fait d'intervenir en tant que point focal auprès des autorités étrangères auxquelles est adressée la demande. Les autorités centrales ont la possibilité de constituer un réseau mondial, avec l'aide de l'Office des Nations Unies contre la drogue et le crime (ONUDC).[481] En outre, elles peuvent aider par des orientations, l'autorité requérante à rédiger sa demande conformément aux critères et conditions applicables.

Cependant, le constat effectué dans le cadre de cette étude, montre d'une part, que certains pays n'ont pas véritablement institutionnalisé des autorités centrales, et d'autre part, celles qui existent ont besoin d'être renforcées. Ce manque de dynamisme crée une entorse aux demandes d'entraide qui ne parviennent pas souvent à destination ou le sont de façon tardive. A titre illustratif, un magistrat nigérien a relevé qu'étant en juridiction, il avait émis une commission rogatoire aux fins d'entraide et environ six (06) ans après, lorsqu'il était affecté à l'administration centrale du Ministère de la justice, il y a retrouvé sa demande dans ses fouilles[482]. Or, aux fins de

---

[480] Nations Unies, *Recueil des Traités*, vol. 2225, n° 39574.

[481] Disponible à l'adresse https://www.theiij.org/fr/tools-publications/?initiative=global-central-authorities-initiative. Consulté le 08 août 2022.

[482] Institut International pour la Justice et l'Etat de Droit, IIJ, contre-terrorisme : approfondissement des compétences des praticiens francophones, intervention du magistrat Amadou SOUMAILOU, Paris 09-19 mai 2022. https://www.theiij.org/fr/ectac/ . Consulté le 05 mars 2023.

l'entraide judiciaire et particulièrement celle par les ECE, les Etats doivent se doter des autorités centrales compétentes, avec des ressources humaines et matérielles conséquentes, et auront pour tâche de faciliter la coopération et la communication efficaces entre les agents de détection et de répression, les juges d'instruction et les procureurs des différents pays.

Néanmoins, face à la menace terroriste et grâce aux appuis de certains partenaires techniques,[483] ces dernières années, des efforts sont déployés dans ce sens et une amélioration est en cours. Selon un rapport du WACAP, grâce à son assistance, des autorités centrales chargées de l'entraide judiciaire ont été établies au Burkina Faso, au Bénin et au Niger et renforcées au Cap-Vert, au Ghana, au Mali et au Nigeria, (notamment par la fourniture d'équipements et le renforcement des capacités).[484] De même l'IIJ, a contribué à la mise en place en 2018, d'un « guide de bonnes pratiques pour les autorités centrales »[485]. Il s'agit d'un ensemble de recommandations reconnues au niveau international pour guider le travail des autorités centrales, exposant les principales considérations institutionnelles, juridiques et pratiques. Plus récemment, dans le cadre du projet BEPI Sahel[486],

---

483 ONUDC à travers ses plateformes que sont le WACAP et la plateforme du sahel. Aussi, 540 praticiens de la justice pénale ont été formés dans le domaine de la coopération internationale et un pool de 105 experts nationaux a été constitué.

484ONUDC, « *WACAP : la pierre angulaire de la coopération internationale. "La coopération transfrontalière pour lutter efficacement contre la criminalité transnationale organisée"* », janvier 2020. p.2. https://www.unodc.org/ Dernière consultation 05 décembre 2022.

485 Disponible sur https://www.theiij.org/fr/global-central-authorities-initiative/#Ressources-et-outils-pour-les-praticiens; Consulté le 08 août 2022.

486 Disponible sur https://www.expertisefrance.fr/fiche-projet?id=862681. Dernière consultation 09 août 2023.

cinq pays de l'espace ouest africain que sont le Burkina Faso, le Mali, la Mauritanie, le Niger, le Sénégal et le Tchad ont bénéficié d'un appui technique et financier pour le renforcement de leur autorité centrale respective. Ce projet vise la mise en place des Bureaux d'Entraide Pénale Internationale (BEPI)[487] au sein de chaque Etat concerné. Les BEPI participeront à l'animation de l'autorité centrale de l'administration judiciaire. A terme[488], BEPI Sahel contribuera efficacement au renforcement de la coopération judiciaire internationale par la numérisation des actes et l'interconnexion des autorités centrales et des praticiens dans la chaine de la coopération[489]. Pour Cyrille SAWADOGO[490], ce vaste chantier va moderniser et rendre fluide l'entraide judiciaire en matière pénale au Sahel. Aussi, cette quête de dynamisme va-t-elle au-delà des autorités centrales et nécessite aussi un changement de paradigme chez les acteurs judiciaires.

---

[487] Le BEPI du Burkina a été créé par arrêté du 06 janvier 2023 par le ministre de la justice. Avant la création du BEPI, les demandes d'entraide civiles et commerciales étaient dévolues à la Direction de la Législation et de la Coopération du ministère de la justice et celles pénales à la Direction de la Justice Pénale et du sceau. Désormais toutes les demandes transitent par le BEPI.

[488] A ce jour, la collecte des données, l'inventaire des demandes entrant et sortant, la formation des auditeurs de justice et les élèves greffiers ainsi que le stage de deux magistrats à une formation à Abidjan sur l'entraide pénale en matière de lutte contre le terrorisme à l'Académie Internationale de lutte contre le terrorisme sont les réalisations à l'actif du projet au Burkina.

[489] Cyrille SAWADOGO, Directeur du BPI Burkina [entretien du 13 août 2023].

[490] MJDHRI, *rapport de l'atelier de renforcement des capacités des magistrats sur la recherche de la coopération pénale internationale*, 15 Juillet 2023, p.3.

B- La nécessité d'un changement de paradigme chez les acteurs judiciaires

Ces derniers temps, la coopération judiciaire demeure au centre des besoins de renforcement des capacités des acteurs en charge de la répression de la criminalité transnationale dans l'espace ouest-africain. Cet élan est parti du constat que ces acteurs y font rarement recours. Par exemple, la faible utilisation de l'entraide pénale internationale a été relevée comme l'une des lacunes stratégiques du dispositif national de lutte contre le blanchiment de capitaux et le financement du terrorisme (LB/FT)[491] au Burkina Faso, à la suite de l'Evaluation Mutuelle par les Pairs de l'International Co-Operation Review (ICRG).[492] Ces lacunes ont conduit au placement du pays sur la « liste grise »[493] du Groupe d'Action financière (GAFI)[494] tout comme d'autre pays de la sous-région. Cet appel à la coopération judiciaire[495] implique donc un changement de paradigme en termes de réflexes et de pratiques chez les acteurs, avec à la clé une grande ouverture à la coopération judiciaire.

---

[491] Y-G. SAWADOGO, *le cadre juridique de lutte contre le blanchiment de capitaux et le financement du terrorisme au Burkina Faso*, mémoire de master professionnel, Droit pénal et sciences criminelles, IUFIC/Université Thomas SANKARA, avril 2021, p.1-5.

[492] Voire https://eurasiangroup.org/en/international-cooperation-review-group-icrg-regional-europe-eurasia-subgroup-eerrg-meeting-was-held-in-paris-france-on-16-17-january-2014. Consulté le 08 août 2022.

[493] Cyprien DABIRE, évaluateur national GIABA et conseiller à la cour des comptes au Burkina Faso [entretien du 24 février 2023].

[494] GAFI (2013-2021), *Méthodologie d'évaluation de la conformité technique aux Recommandations du GAFI et de l'efficacité des systèmes de LBC/FT*, octobre 2021, GAFI, Paris, p.196.

[495] MJDHPC, *Guide pour l'efficacité de la chaine pénale au Burkina Faso*, mars 2022, p.18.

S'agissant particulièrement des équipes communes d'enquête, notre enquête[496] sur le niveau de connaissance de cet outil par les acteurs judiciaires, a révélé que la grande majorité l'ignore. Quelques-uns, notamment ceux des pôles judiciaires spécialisés dans les affaires terroristes en disposent de quelques connaissances théoriques.[497] Même pour ces derniers, aucune véritable expérience de coopération judiciaire par les ECE n'a été vécue[498]. Seuls quelques cas d'enquêtes au Niger, opérées avec l'appui de la France et de l'Espagne, dans le cadre de la lutte contre la traite des personnes et le trafic illicite des migrants ont été signalés.[499] Cependant, l'analyse de ces cas, suivant leurs procédés, démontre qu'ils n'épousent pas véritablement l'esprit multidimensionnel et de mise en « pot commun »[500] des actes d'enquête de l'ECE. Il s'est agi plutôt d'un accord institutionnel en vertu duquel l'Espagne et la France apportent leurs expertises (matériels et ressources humaines) en matière d'investigation sur les affaires de traites des personnes et du terrorisme, puisqu'il a été relevé qu'aucun acte d'enquête n'a été posé en France ni en Espagne, encore moins des preuves rapportées de ces pays. Or, les enquêtes conjointes, plutôt procédurières, sont axées sur les recherches concomitantes de preuves sur le territoire des différents pays, avec la faculté de déplacement des

---

[496] V. les Annexes n°2 et suivants.

[497] Ibid.

[498] Ibid.

[499] RORO Abdoulaye, Magistrat nigérien, ancien substitut du Procureur de la République du Tribunal hors classe de Niamey, responsable du Bureau local de l'agence nationale de lutte contre la traite des personnes et le trafic illicite de migrants, membre de l'équipe conjointe d'investigation (ECI) Niger-Espagne-France. [Entretien du 17 janvier 2024].

[500] Renaud VAN RUYMBEKE cité par C. FAUCHON, in *l'expérience franco-espagnole en matière d'équipes communes d'enquête, op.cit.* p.32.

enquêteurs dans chacun des pays concernés. Néanmoins, ces appuis techniques et opérationnels ont permis d'investiguer efficacement sur plusieurs affaires ayant abouti à des poursuites et des jugements au Niger.[501]

Comme on peut le constater aisément, ce ne sont pas les dossiers se prêtant aux ECE qui manquent au regard du nombre de plus en plus croissant des dossiers ayant un caractère transnational et nécessitant fréquemment des CRI[502], comme rappelé tantôt, et reconnu par la majorité des acteurs[503]. La preuve, dans le dossier de *l'attaque de l'hôtel splendide*[504] à Ouagadougou, l'implication de plusieurs ordres juridiques par le caractère transnational de cette attaque [505], a amené les autorités compétentes des pays concernés[506] devant l'instance de coopération judiciaire européenne, Eurojust. Suivant *les lignes directrices d'Eurojust pour décider à quelle juridiction confier les poursuites*[507], c'est le Burkina Faso qui a été privilégié pour poursuivre les investigations, au regard de plusieurs éléments de rattachement[508]. Ce cas précis aurait pu donner

---

501 Suivant RORO Abdoulaye, à la suite des évènements du 26 juillet 2023 ayant consacré l'avènement du Conseil national pour la sauvegarde de la patrie (CNSP) au pouvoir au Niger, les deux pays se sont retirés de ce cadre institutionnel entrainant du même coup la fin de cette forme de coopération.

502 A. TISSERON, *La coopération sécuritaire et judiciaire en Afrique de l'Ouest face au défi de la lutte contre les groupes armés jihadistes, op.cit,* p. 64.

503 Entretien avec le Doyen des Juges d'instruction du Pôle Judiciaire spécialisé contre les actes terroristes du TGI Ouaga II.

504 Supra. Page 1.

505 Il ressort de l'enquête que les auteurs seraient venus du Mali où ils ont planifié leur attaque.

506 Notamment le Mali, le Burkina, la France, les USA.

507 Eurojust, *Lignes directrices pour décider à quelle juridiction confier les poursuites*, 2016, p.6.

508 Divers critères doivent être pris en considération au moment du choix de la meilleure juridiction pour l'exercice des poursuites. Tous peuvent influencer la décision finale. La priorité et la pondération à

lieu à une équipe commune d'enquête, entre notamment le Mali et le Burkina où respectivement, les actes de planification et d'exécution de ladite attaque ont été commis[509].

S'il est vrai que les textes juridiques en la matière sont lacunaires, il n'en demeure pas moins que de façon générale, les acteurs manquent souvent d'audace en se contentant des éléments d'enquête disponibles sur le territoire national. Les préjugés ou les obstacles réels aux procédures d'entraide, sont la plupart du temps exhibés pour justifier la méfiance au recours à la coopération judiciaire qui, pour certains, pourrait constituer même un « blocage » de leurs dossiers. Si ces arguments sont réels et soutenables en partie, il y'a lieu néanmoins de souligner qu'il y'a un faible niveau de culture de la coopération judiciaire chez les praticiens ouest-africains. Cet état de fait pourrait s'expliquer par un manque d'appropriation ou de familiarité avec les règles et la pratique en matière de coopération judiciaire en générale[510]. Or, coopérer par les ECE requiert un certain dynamisme des acteurs judiciaires au regard des implications de cet outil, d'où le changement de paradigme.

Dans cette dynamique, des actions récentes augurent un bon espoir. En effet, du 24 au 26 juillet 2023, le pôle judiciaire spécialisé dans la répression des actes terroristes du Burkina Faso a reçu une visite de travail d'une équipe du

---

accorder à chaque critère varient d'un dossier à l'autre. Par exemple, la juridiction où a été commise la majorité – ou la partie la plus importante – des infractions ou bien où a été subie la majorité – ou la partie la plus importante – des pertes. De ce fait, les dimensions quantitative (« la majorité ») et qualitative (« la partie le plus importante ») doivent être dûment considérées.

[509]Supra. Page 1, op.cit.

[510] ONUDC, *la coopération internationale en matière pénale contre le terrorisme*, juillet 2011. p. 119 et ss.

pôle judiciaire de la même nature du Niger.[511] Un mois plus tard, c'était le tour d'une délégation Burkinabè de se rendre au Mali dans la même dynamique. L'objectif de ces rencontres professionnelles est de renforcer de façon informelle leur coopération, étant donné que régulièrement ces pôles judiciaires sont saisis des faits qui ont des liens étroits. Concrètement, il s'est agi pour chaque partie de faire l'état des commissions rogatoires internationales en souffrance de part et d'autre, leurs difficultés de traitement et les solutions envisagées. Cette initiative informelle est à saluer à plus d'un titre, en ce sens qu'il met en exergue une collaboration directe entre autorités judiciaires, en brisant les barrières administratives et diplomatiques, signes annonciateurs d'une dynamique propice aux enquêtes conjointes.

Conclusion du titre II

En somme, l'analyse du cadre juridique et institutionnel relatif aux ECE nous a permis de retenir que la mise en œuvre adéquate des ECE nécessite des instruments juridiques précis les promouvant, mais aussi un cadre opérationnel dynamique propulsant cette forme de coopération. S'agissant du cadre juridique, des insuffisances liées tantôt au manque de précisions sur certains aspects juridiques ou simplement la méconnaissance du mécanisme juridique des ECE ont été relevées. Quant au cadre opérationnel, il demeure aussi perfectible à l'image du cadre juridique. Son analyse a démontré une nécessité de dynamisation de ses acteurs pour une coopération réussie.

---

[511] Cette équipe de cinq magistrats avait à leur tête le Doyen des Juges d'instruction du Pole judiciaire de Niamey.

CONCLUSION GENERALE

Au terme de notre étude, nous pouvons retenir que la coopération judiciaire face à la criminalité transnationale de plus en plus croissante et dynamique, requiert des outils efficaces, à même de suivre le rythme et de répondre efficacement aux besoins des praticiens. Nées dans cette dynamique, les équipes communes d'enquête, à travers notre étude, se sont révélées être une forme de coopération judiciaire efficace à plusieurs titres.

A travers leur régime juridique, nous avons pu découvrir qu'elles opèrent une différence fondamentale avec le droit classique de l'entraide pénale internationale dont elle relève. En effet, « *elles offrent des dépassements des frontières et des limites habituellement posées par la souveraineté étatique en matière pénale, notamment en permettant aux membres détachés d'exercer un rôle actif dans les investigations hors de leur territoire national et en rendant accessible à l'ensemble des membres, les différentes preuves recueillies, indépendamment du pays d'obtention* »[512]. Ce saut qualitatif de ce régime, privilégie des canaux de transmission directe de coopération judiciaire qui constituait jusque-là une épine dorsale à la coopération judiciaire. Mieux, il est possible à travers les équipes communes d'enquête, de poursuivre le jugement des faits investigués, avec à la clé la possibilité d'user ultérieurement les informations partagées dans le cadre de l'ECE[513].

---

[512] C. FAUCHON, *L'expérience franco-espagnole en matière d'équipes communes d'enquête, op.cit.* p.80.
[513] Ibid.

Quant à la pratique, à travers un état des lieux, elle a révélé un engouement particulier vis-à-vis de cet outil de coopération au-delà des Etats de l'UE d'où elles tirent leur source. Cet engouement s'est expliqué par les flexibilités qu'offre leur régime juridique tant dans leur constitution que dans leur fonctionnement. Dans la foulée, des outils d'accompagnement au-delà du cadre juridique, ont été conçus avec des organes institutionnels qui ont servi à leur promotion. Aujourd'hui, cet outil occupe une place importante dans la coopération judiciaire européenne grâce à son caractère innovant et compte à son actif plusieurs exemples de contribution à la lutte contre les formes les plus graves de la criminalité transnationale. Mieux, il offre un degré de collaboration plus étroit entre les autorités policières et judiciaires, plus que tout autre outil de reconnaissance mutuelle, tel que le mandat d'arrêt européen.

Néanmoins, des défis importants liés aux cadres juridique et opérationnel restent à relever pour une mise en œuvre optimale du mécanisme. En effet, s'agissant du cadre juridique, l'analyse des équipes communes d'enquête a démontré qu'il s'agit d'un outil qui requiert, pour sa mise en œuvre efficace, une assise juridique claire et précise, car touchant au droit processuel. En ce qui concerne l'espace ouest africain, l'étude a révélé que son cadre juridique commande une réforme conséquente en ce sens que plusieurs législations nationales en ignorent complètement, tout comme les instruments régionaux de coopération, même si d'autres néanmoins, y réservent des prémices d'ECE. Quant aux cadres juridiques multilatéral et européen, bien vrai qu'ils offrent un fondement juridique assez soutenu aux ECE, ils demeurent perfectibles quant aux questions post-investigations.

Relativement au cadre opérationnel, son dynamisme demeure très déterminant pour la mise en œuvre efficace des enquêtes conjointes. Dans ce sens, l'analyse de l'applicabilité de cet outil dans l'espace ouest africain y a décelé des insuffisances liées au faible dynamisme des autorités centrales des Etats mais aussi une nécessité de changement de paradigme chez les acteurs judiciaires, qui du reste, semblent souvent réticents à la coopération judiciaire au regard de sa complexité.[514] S'agissant du cadre institutionnel régional, il demeure embryonnaire avec quelques institutions informelles de coopération en pleine émergence et qui peuvent néanmoins être d'une utilité certaine aux ECE. Sur ce plan, l'Europe semble relever le défi avec notamment, l'institution des magistrats de liaison et l'implication considérable des institutions telles que Eurojust et Europol qui sont de véritables promotrices des ECE dont les acquis sont à consolider.

Somme toute, aussi bien pour l'Europe que pour l'espace ouest-africain, les questions liées au contrôle des actes de l'équipe, au jugement des faits investigués[515] et à la recevabilité des éléments de preuves recueillies,[516] n'ont pas été tranchées par les textes actuels fondant les ECE[517]. Ces questions augurent d'autres réflexions sur ces défis dont la juste analyse pourrait contribuer davantage au

---

[514] A. TISSERON, *La coopération sécuritaire et judiciaire en Afrique de l'Ouest face au défi de la lutte contre les groupes armés jihadistes*. Op.cit., p.52.

[515] S. GUINCHARD, et J. BUISSON, *Procédure pénale*, 4ème édition, Litec, 2008, p.453.

[516] E. OUEDRAOGO, *Procédure pénale*, Ouagadougou, *éd. Temple du savoir international*, 2022, p. 132.

[517] C. FAUCHON, *L'expérience franco-espagnole en matière d'équipes communes d'enquête, op.cit,* p.43 et ss. Voire aussi J. LELIEUR, « l'Union européenne face aux conflits de compétence pénales », in D. BRACH-THIEL et F. FOURMENT, *Questions de droit pénal international, européen et comparé*. Mélanges en l'honneur du Professeur Alain Fournier, PUN-Editions Universitaire de Nancy, 2013, p.257.

perfectionnement de cet outil innovant de coopération judiciaire.[518]

[518] Du reste, selon des études déjà faites sur ces questions, les équipes communes d'enquête restent un outil perfectible de coopération judiciaire. Voire K. MEHTIYEVA, *La notion de coopération judiciaire*, op.cit., p.276 ; C. FAUCHON, *L'expérience franco-espagnole en matière d'équipes communes d'enquête, op.cit,* p.43.

ANNEXES

Annexe 1 : Modèle type d'accord ECE

Conformément à [*Veuillez indiquer ici les bases juridiques applicables, qui peuvent provenir — sans s'y limiter — des instruments ci-dessous* :]

1- Parties à l'accord

Les parties ci-après ont conclu un accord pour la création d'une équipe commune d'enquête (ci-après désignées : « ECE ») :

1) [*Indiquer le nom du premier service compétent/de la première administration compétente d'un État membre partie à l'accord*]

et

2) [*Indiquer le nom du deuxième service compétent/de la deuxième administration compétente d'un État membre partie à l'accord*]

Les parties à l'accord peuvent décider d'un commun accord d'inviter d'autres services/administrations des États membres à devenir parties au présent accord.

2- Mission de l'ECE

L'accord porte sur la création d'une ECE chargée de la mission suivante :

[Veuillez donner une description de la mission spécifique de l'ECE.
Cette description devrait mentionner les circonstances de l'infraction ou des infractions faisant l'objet de l'enquête dans les États concernés (date, lieu et nature) et, le cas échéant, donner des indications sur les procédures nationales en cours.
Les références aux données à caractère personnel relatives à une affaire doivent être limitées à un niveau minimal.
Cette section devrait également contenir une brève description des objectifs de l'ECE (collecte de preuves, arrestation coordonnée de suspects, gel des avoirs, etc.). Dans ce contexte, les parties devraient envisager d'inclure l'ouverture et l'achèvement d'une enquête financière parmi les objectifs de l'ECE.]

3- Durée de l'accord

Les parties conviennent que l'ECE opérera pour une durée de [*veuillez indiquer la durée spécifique]* à compter de l'entrée en vigueur du présent accord.

Le présent accord entre en vigueur une fois que la dernière partie concernée l'aura signé. Cette durée peut être prolongée avec l'accord de toutes les parties.

4- État(s) dans le(s)quel(s) l'ECE opérera

L'ECE opérera dans les États des parties au présent accord.

L'équipe mène ses opérations conformément au droit de l'État sur le territoire duquel elle intervient à quelque moment que ce soit.

5- Responsable(s) de l'ECE

Les responsables de l'équipe sont des représentants des autorités compétentes prenant part aux enquêtes criminelles des États dans lesquels l'équipe opère à quelque moment que ce soit, sous la direction desquels les membres de l'ECE doivent effectuer leur mission.

Les parties désignent les personnes suivantes en tant que responsables de l'ECE :

Nom	*Fonction/Grade*	*Autorité/Service*	*État*

En cas d'empêchement d'une des personnes mentionnées ci-dessus, un remplaçant sera désigné sans tarder. Toutes les parties concernées reçoivent une notification écrite de ce remplacement, qui est annexée au présent accord.

6- Membres de l'ECE

Outre les personnes visées au point 5, les parties fournissent une liste des membres de l'ECE, qui figure dans une annexe spécifique au présent accord.

En cas d'empêchement d'un des membres de l'ECE, un remplaçant sera désigné sans tarder par notification écrite émanant du responsable compétent de l'équipe commune d'enquête.

7- Participants à l'ECE

Les parties à l'ECE conviennent d'associer [ex : *Eurojust, Europol, OLAF, etc.*] en tant que participants à l'ECE. Les modalités particulières relatives à la participation de [*nom*] sont traitées dans l'appendice du présent accord consacré qui s'y rapporte.

8- Collecte d'informations et d'éléments de preuve

Les responsables de l'ECE peuvent convenir de procédures spécifiques que l'ECE doit suivre dans les États dans lesquels elle opère en ce qui concerne la collecte d'informations et d'éléments de preuve.

Les parties chargent les responsables de l'ECE de fournir des recommandations sur l'obtention des éléments de preuve.

9- Accès aux informations et aux éléments de preuve

Les responsables de l'ECE précisent les processus et procédures à respecter concernant l'échange, entre eux, des informations et des éléments de preuves obtenus dans le contexte de l'ECE dans chaque État membre.

[*Les parties peuvent par ailleurs convenir d'une clause énonçant des règles plus spécifiques concernant l'accès, le traitement et l'utilisation des informations et des éléments de preuve. Une telle clause peut en particulier être jugée appropriée lorsque l'ECE n'est fondée ni sur la convention de l'Union européenne ni sur la décision-cadre (qui comportent déjà des dispositions spécifiques à cet égard — voir l'article 13, paragraphe 10, de la convention)*.]

10- Échange des informations et des éléments de preuves obtenus avant la création de l'ECE

Les informations et éléments de preuve déjà disponibles au moment de l'entrée en vigueur du présent accord et qui ont trait à l'enquête qui y est décrite peuvent être partagés entre les parties dans le cadre du présent accord.

11- Informations et éléments de preuve obtenus auprès d'États ne participant pas à l'ECE

Si une demande d'entraide judiciaire doit être adressée à un État qui ne participe pas à l'ECE, l'État requérant cherche à obtenir l'accord de l'État requis pour partager avec l'autre partie/les autres parties à l'ECE les informations et éléments de preuve obtenus dans le cadre de l'exécution de la demande.

12- Dispositions particulières concernant les membres détachés

[Lorsqu'elles le juge opportun, les parties peuvent, en vertu de la présente clause, convenir des conditions spécifiques dans lesquelles les membres détachés peuvent :

— mener des enquêtes — y compris, en particulier, appliquer des mesures coercitives — l'État où l'opération a lieu (le cas échéant, les législations nationales peuvent être indiquées ici ou être annexées au présent accord),

— demander que des mesures soient exécutées dans l'État de détachement,

— partager des informations recueillies par l'équipe,

— porter/utiliser les armes]

13- Modifications de l'accord

Le présent accord peut être modifié d'un commun accord des parties. Sauf indication contraire du présent accord, les modifications peuvent prendre toutes les formes écrites dont les parties sont convenues12.

14- Consultation et coordination

Chaque fois qu'il y a lieu de le faire, les parties veillent à se consulter afin de coordonner les activités de l'équipe concernant notamment, mais pas exclusivement :

— l'évaluation des progrès réalisés par l'équipe et des résultats qu'elle a obtenus,

— le calendrier et les méthodes d'intervention des enquêteurs,

— la meilleure manière d'engager une éventuelle procédure judiciaire, l'examen du lieu approprié pour la tenue du procès et la confiscation.

15- Communication avec les médias

Les parties déterminent et les participants respectent le calendrier et le contenu de la communication avec les médias, si une telle communication est prévue.

16- Évaluation

Les parties peuvent envisager de procéder à une évaluation des résultats obtenus par l'ECE, des meilleures pratiques qui ont été mises en œuvre et des enseignements tirés. Une réunion spécifique peut être organisée pour réaliser à cette évaluation.

[*Dans ce contexte, les parties peuvent se reporter au formulaire spécifique d'évaluation des ECE établi par le réseau d'experts de l'Union européenne en matière d'ECE. Un financement de l'Union européenne peut être demandé pour l'organisation de la réunion d'évaluation.*]

17. Modalités spécifiques

[*À insérer, le cas échéant. Les sous-points ci-après sont destinés à mettre en évidence les domaines qui pourraient nécessiter une description précise.*]

17.1. Règles de publicité

[*Si elles le souhaitent, les parties peuvent préciser ici quelles sont les règles applicables au niveau national en matière de communication à la défense et/ou en annexer une copie ou une synthèse.*]

Gestion des avoirs/modalités de recouvrement des avoirs

17.3. Responsabilité

[Si elles le souhaitent, les parties peuvent réglementer cet aspect, en particulier lorsque l'ECE n'est fondée ni sur la convention de l'Union européenne ni sur la décision-cadre (qui comportent déjà des dispositions spécifiques à cet égard — voir les articles 15 et 16 de la convention).]

18. Dispositions organisationnelles

[*À insérer, le cas échéant. Les sous-points ci-après sont destinés à mettre en évidence les domaines qui pourraient nécessiter une description précise.*]

18.1. Installations et matériel (bureaux, véhicules et autres équipements techniques)

18.2. Frais/dépenses/assurances

18.3. Soutien financier apporté aux ECE

[*En vertu de la présente clause, les parties peuvent convenir de modalités particulières concernant les rôles et les responsabilités au sein de l'équipe en ce qui concerne la soumission de demandes de financement de l'Union européenne.*]

18.4. Langue de communication

Fait à [*lieu de la signature*], [date]
[*Signatures de toutes les parties*]

Source : Journal officiel de l'UE, https://eurlex.europa.eu/legalcontent/fr/txt/pdf/.

Annexe II

DEMANDE D'ENTRAIDE JUDICIAIRE PENALE

(NOM DU PAYS) ....
Cour d'appel de ....
Tribunal de ....
Réf/Dossier : N° RP/Année ....
N° RI/Année ....

<u>Objet</u> : DEMANDE D'ENTRAIDE JUDICIAIRE PENALE *(nature de la demande : mise en œuvre de techniques spéciale d'enquêtes (surveillance, écoutes téléphoniques, etc.), recueil des preuves, déposition, témoignage, signification d'actes judiciaires, perquisition-saisie, examen d'objet, visite de lieux, fourniture informations-pièces à conviction, expertise, fourniture de pièces (originales/copie) de dossiers, documents administratifs, bancaires, financiers ou commerciaux et de société, identifier et localiser des produits de crime, des biens, ou autres à des fins probatoires, faciliter la comparution volontaire détenues en justice, transférer en tant que témoins des personnes détenues, communiquer des casiers judiciaires, etc.).*

Nous *(titre, nom, prénom, fonction, etc. de l'autorité dans l'Etat requérant).*

Ayant pour adresse *(BP, E-mail, tel, télécopie, etc. et toutes informations pouvant faciliter le contact de l'autorité de l'Etat requérant).*

A *(titre et fonction de l'autorité dans l'Etat requis).*

Ayant pour adresse *(BP, E-mail, tel, télécopie, etc. de l'autorité de l'Etat requis)*

Avons l'honneur de demander à (*l'autorité judiciaire compétente dans l'Etat requis*) **l'entraide judiciaire suivante :**

<u>Objet de la demande :</u>

(décrire l'acte objet de votre demande d'entraide en précisant les formes particulières d'exécution afin de permettre à l'autorité de l'Etat requis d'y accéder autant qu'elles ne sont pas contraires ou proscrites par sa législation interne):

- **Surveillance, interception ou enregistrement de toute activité, mouvement ou toute communication** de (*nom, prénoms, adresse, etc. de la personne suspectée tout en indiquant les moyens de communication à surveiller n° téléphone, cellulaire, fax, fournisseur d'accès internet, etc. expliquer pourquoi la surveillance/l'interception/l'enregistrement est préférable aux autres méthodes moins intrusives et indiquer à quelle date au plus tard cette mesure doit cesser),*

- **Collecte de preuve écrites, recueillir déposition, témoignage** *(préciser la méthode de collecte de preuves par procès verbal, enregistrement, sous serment, etc., préciser l'identité et le domicile de chaque témoin, préciser si vous souhaiterez que vous ou un enquêteur participe ou assiste à la collecte et quelles en sont les raisons, lister éventuellement les sujets à couvrir et les questions précises à poser, décrire les raisons* *qui laisseront penser que tel témoin aura besoin de protection,*

- **Signification d'actes judiciaires** *(souhaiter obtenir la signification de documents exemple : citation, assignation, notification de jugement, etc., et spécifier éventuellement la procédure à suivre pour satisfaire aux dispositions du droit interne)*

- **Perquisition-saisie** *(décrire les éléments de preuves recherchés et les lieux où doivent être effectuées les perquisitions et/ou la saisie en précisant que la perquisition, la saisie ou la remise se fassent au regard de la législation de l'Etat requis. Pour cela il conviendra de mentionner les éléments probants/soupçons à votre disposition)*

- **Examen d'objet, visite de lieux,**
- **Fourniture d'informations, de pièces à conviction, d'estimations d'experts,** ***des*** **originaux et/ou copie certifiée conforme de dossiers et documents administratifs, bancaires, financiers ou commerciaux et de société**,

- **Certifier l'authenticité de documents** *(administratifs, bancaires, financiers, commerciaux ou de société, etc.)*

- **Identifier et localiser des produits de crime, des biens, ou autres à des fins probatoires** *(cette demande peut être faite sans demander la confiscation ou saisie, afin* *seulement de recueillir des éléments de preuves).*

- **Faciliter la comparution volontaire de personnes en justice** *(expliquer en quoi le témoin peut apporter son concours à la justice, précisez si a déjà consenti ou sinon demander à l'Etat requis de lui demander son consentement, indiquer en détail les frais logistiques et autres proposés par l'Etat requérant pour permettre cette comparution, donner l'assurance que le témoin ne sera pas détenu, poursuivi ou condamné pour des infractions commises antérieurement à sa présence sur le sol de l'Etat requérant, indiquer si une protection du témoin est nécessaire),*

- **Transfert à titre provisoire d'une personne détenue pour témoignage** *(solliciter auprès de la personne concernée ou son avocat son consentement ou bien délivrer une demande d'entraide aux fins de recueillir son consentement, donner l'assurance que le témoin ne sera pas détenu, poursuivi ou condamné pour des infractions commises antérieurement à sa présence sur le sol de l'Etat requérant et l'assurance de remettre la personne transférée à l'Etat requis sans exigence d'engager une procédure d'extradition).*

- **Communication des antécédents judiciaires** *(ne nécessite pas généralement de demande formelle. Toutefois cette demande peut être présentée et justifiée comme une mesure* *préventive, eu égard au principe ne bis in idem pour éviter les doubles condamnations)*

- etc.).

Fondement juridique :

Vu (*conventions, accords, arrangements, loi nationale, etc. servant de base juridique sur laquelle est fondée la présente demande d'extradition*) dont copies ci-jointes (côtes n°….).

Vu les dispositions *(bases juridiques des actes demandés dans la législation nationale du pays requérant)* dont copies ci-jointes (côtes n°….).

Informations à échanger dans le cadre de la requête :

Vu la procédure suivi contre

…………………………………………………………

Poursuivi du chef de *(avoir/s'être, le …..... (date des faits), à…………(lieu de commission) exposer avec le maximum de détail et précision les actes ou omissions retenus comme constituant infractions conformément à la législation nationale de l'Etat requérant)* dont copies de (*PV d'enquête ou acte d'instruction*) constatant les faits reprochés sont ci-joints (côte n°…..).

Faits qui sont qualifiés *(qualification juridique des faits dans l'Etat requérant)* non encore prescrits conformément à la loi dont copie est ci-jointe (Côte n°……).

Prévus et punis par *(dispositions pénales incriminant et sanctionnant lesdits actes ou omissions dans la législation de l'Etat requérant)* dont copies ci-jointes (côte n°….).

Vu (*justifier pourquoi vous avez recouru à la demande de l'entraide sollicitée. Donner par exemple un résumé des faits qui puisse permettre de motiver l'accès à votre demande*).

Urgence :

Cette requête devrait être traitée en urgence, de préférence dans un délai de ……….. jours/mois, pour les raisons suivantes *(expliquer que l'état du dossier ou le délai de clôture ou délai de détention provisoire d'autres co-auteurs ou complices, par exemple, nécessite que votre demande soit traitée d'urgence).*

Dans la limite où cette requête ne pourra être traitée en urgence, nous vous prions de contacter (l'autorité de l'Etat requérant) ci-dessous.

Confidentialité :

Cette requête devrait être traitée confidentiellement pour les raisons suivantes *(expliquer pour justifier que l'état du dossier nécessite que le traitement de votre demande soit entourée de confidentialité et que la divulgation pourrait permettre à d'autres suspects de compromettre les chances de confiscation, ou l'effacement de preuve, etc.).*

Dans la limite où cette requête ne pourra être traitée de façon confidentielle, nous vous prions de contacter (l'autorité de l'Etat requérant) ci-dessous.

Garanties de réciprocité :

Les autorités de (*l'Etat requérant*) s'engagent à fournir une assistance similaire aux autorités (*l'Etat requis*) en cas de demandes d'entraide émanant de leur part dans un domaine équivalent.

Garanties d'utilisation restrictive des informations fournies :

Toute information, document ou élément de preuve fourni dans le cadre de cette demande d'entraide par *(l'autorité requise)* à *(l'autorité requérante)* sera utilisé uniquement pour les besoins de l'enquête ou des poursuites ci-dessus mentionnées ; et ne sera utilisée à d'autres fins qu'après consultation et approbation de *(l'autorité compétente de l'Etat requis)*.

Coordonnées et langues de l'autorité dans le pays requérant :

Nous vous remercions de contacter *(nom de l'autorité requérante, BP, E-mail, Tel, Télécopie, etc.)*, avec lequel vous pouvez communiquer en *(Français/Arabe/Anglais, etc.)* si vous avez besoin d'autres renseignements, ainsi que pour échanger sur l'état d'avancement de la demande ou de la procédure.

Conditions particulières d'exécution de la requête :

Les règles d'admissibilité des preuves dans (l'Etat requérant) exige que la requête soit exécutée *(détailler les procédures particulières à suivre, les motifs et conséquences en cas de non respect)*

Voie de transmission et accusé de réception :

Cette requête sera envoyée par (*préciser la voie conventionnelle)* et en copie par *(préciser toute autre voie utilisée)*. Nous vous prions de bien vouloir, par tout moyen, nous accuser réception.

Veuillez accepter, *(titre de l'autorité dans l'Etat requis)*, les assurances de ma très haute considération.

Lieu et Date *(émission de la requête)*

La signature et le sceau *(de l'autorité requérante)*

Liste des pièces jointes :

………………………. N° de la côte ……….

………………………. N° de la côte ……….

………………………. N° de la côte ……….

………………………. N° de la côte ……….

Source : Plateforme du Sahel. https://pcjs-sahel.org

Annexe III

DEMANDE D'EXTRADITION

ETAT ………………………………

Cour d'appel de ……………………………..

Tribunal de ……………………………………..

Réf/Dossier : N° RP/Année …….…………..

N° RI/Année …….…………..

<u>Objet</u> : DEMANDE D'EXTRADITION DE *(nom de la personne dont l'extradition est demandée).*

Nous *(titre, nom, prénom, fonction, etc. de l'autorité dans l'Etat requérant).*

Ayant pour adresse *(BP, E-mail, tel, télécopie, etc. et toutes informations pouvant faciliter le contact de l'autorité de l'Etat requérant).*

A *(titre de l'autorité dans l'Etat requis).*

Ayant pour adresse *(BP, E-mail, tel, télécopie, etc. de l'autorité de l'Etat requis)*

<u>Exposé des faits et qualification juridique :</u>

Vu la procédure suivie contre

…………………………………………………………

Poursuivi du chef de *(avoir/s'être, le …….. (date des faits), à…………(lieu de commission) exposer avec le maximum de détail et précision les actes ou omissions retenus comme constituant infractions conformément à la législation nationale de l'Etat requérant)* dont copies de (*PV d'enquête ou acte d'instruction*) constatant les faits reprochés sont ci-joints (côte n°…..).

Faits qui sont qualifiés *(crime ou délit de …………………….. dans l'Etat requérant),* non encore prescrit ci-joint copie des dispositions légales fixant la prescription (Côte n° …).

Prévus et punis par *(dispositions pénales incriminant et sanctionnant lesdits actes ou omission dans la législation de l'Etat requérant)* dont copies ci-jointes (côte n°….).

Fondement juridique :

Vu (*conventions, accords, arrangements, loi nationale, etc. servant de base juridique sur laquelle est fondée la présente demande d'extradition*) dont copies ci-jointes (côtes n°….).

Vous assurant que (*l'Etat requérant*) fournira la même aide pour des demandes d'extradition éventuelles émanant à l'avenir de (*l'Etat requis*).

Titre d'arrestation ou jugement :

Vu (*le mandat d'arrêt décerné ou le jugement/arrêt contradictoire/ réputé contradictoire/par défaut rendu, par une autorité judiciaire compétente de l'Etat requérant*) dont la copie certifiée conforme ou l'expédition ci-jointe (côte n°….).

Requérons (*l'autorité judiciaire compétente*) **d'autoriser l'extradition vers** (*l'Etat requérant*) de :

(Renseignements concernant la personne à extrader :

son prénom, son nom et le cas échéant le nom de jeune fille et son alias s'il y'a lieu, son sexe, sa nationalité, sa date et lieu de naissance, sa résidence ou adresse connue, situation familiale, noms et nationalités des conjoints, la ou les langues que la personne recherchée comprend, les traits distinctifs, taille, couleur, tribu ou ethnie, les photos et empreintes digitales de la personne recherchée, etc.) ci-joint *(tous documents pouvant faciliter l'identification de la personne réclamée)* (côtes n°…)

(Informations pertinentes pouvant aider à le localiser :
l'intéressé se trouve actuellement en détention provisoire à (lieu d'arrestation ou détention dans l'Etat requis) suivant écrou extraditionnel suite à la demande d'arrestation provisoire de (l'Etat requérant)/notice rouge d'Interpol ;
ou autres informations de localisation disponible si la personne réclamée n'est pas en état d'arrestation provisoire).

<u>Urgence :</u>
Vu l'urgence *(expliquer que l'état du dossier ou le délai de clôture ou délai de détention provisoire d'autres co-auteurs ou complices, par exemple, nécessite que votre demande soit traitée d' urgence).*

Vu *(expliquer pour justifier pourquoi la priorité doit être accordée à votre demande s'il y éventuellement des demandes concurrentes émanant d'autres pays)*

Procédure d'extradition simplifiée :

Vous demandant de recourir principalement à la procédure d'extradition simplifiée si l'intéressé y consent.

Assurance du respect de la règle de spécialité :

Certifions qu'en cas d'extradition, la personne réclamée ne sera ni poursuivie ni jugée pour d'autres faits que ceux indiqués dans la présente demande.

Coordonnées et langue de l'autorité requérante :

Nous vous remercions de contacter *(nom de l'autorité requérante, BP, E-mail, Tel, Télécopie, etc.)*, avec lequel vous pouvez communiquer en *(Français/Arabe/Anglais, etc.)* si vous avez besoin d'autres renseignements.

Transmission :
Nous vous prions de bien vouloir, par tout moyen, nous accuser réception de la présente demande qui a été transmise par *(pour assurance préciser la voie conventionnelle de transmission et toute autre voie de transmission à laquelle on a fait recours).*

Veuillez accepter, *(titre de l'autorité dans l'Etat requis)*, les assurances de ma très haute considération.

Lieu et Date *(émission de la requête)*
La signature et le sceau *(de l'autorité requérante)*

Liste des pièces jointes :

………………………. N° de la côte ……….

………………………. N° de la côte ……….

………………………. N° de la côte ……….

………………………. N° de la côte ……….

………………………. N° de la côte ……….

………………………. N° de la côte ……….

………………………. N° de la côte ……….

………………………. N° de la côte ……….

Source : Plateforme du Sahel. https://pcjs-sahel.org

Annexe 2 : Résultats de l'enquête réalisée dans quelques pays de l'espace ouest-africain, générés suivant l'application Google forme

1- En tant qu'autorité centrale, avez-vous déjà été sollicitée dans le cadre de la constitution d'une équipe commune d'enquête ?

- *5 réponses*

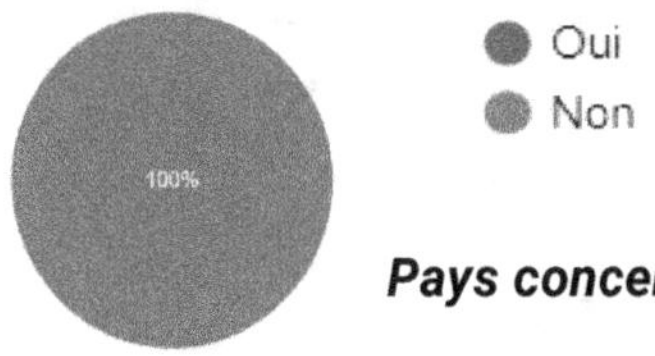

Profils :

- *Directeur de la Coopération Judiciaire*
- *Directeur de la Justice Pénale*
- *Membre de la Coopération Judiciaire*

Pays concernés :

- BURKINA FASO
- MALI
- NIGER
- TCHAD
- COTE D'IVOIRE

2- ***Quels sont les obstacles juridiques, institutionnels ou d'ordre pratique, à la mise en œuvre des ECE dans votre espace géographique ?***

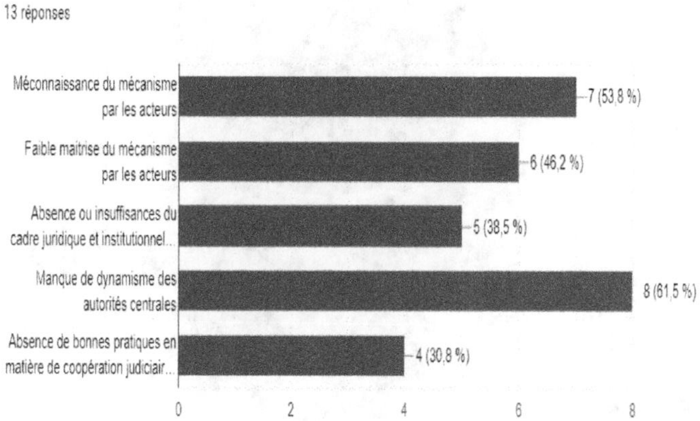

Profils :

- *Juge d'instruction*
- *Procureur/Substitut*
- *Officier de Police Judiciaire*
- *Directeur de l'entraide pénale*

Pays concernés :

- BURKINA FASO
- MALI
- NIGER
- TCHAD
- COTE D'IVOIRE

3-Votre cadre juridique national prévoit il expressément les ECE ?

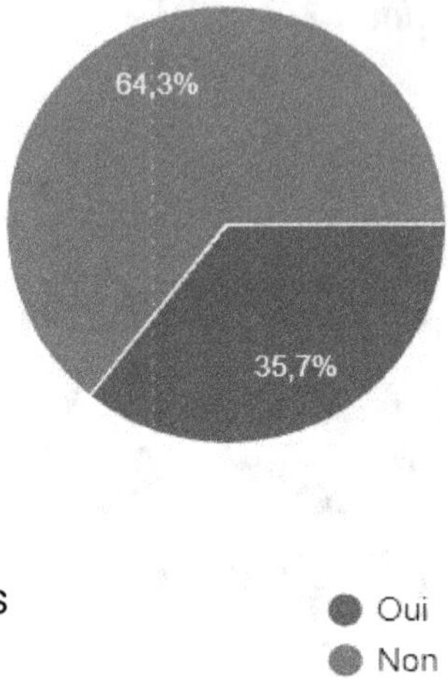

- 13 réponses

Profils :

- *Juge d'instruction*
- *Procureur/Substitut*
- *Officier de Police Judiciaire*
- *Directeur de l'entraide pénale*

Pays concernés :

- BURKINA FASO
- MALI
- NIGER
- TCHAD
- COTE D'IVOIRE

4-Disposez-vous en tant que praticien, d'une expérience de coopération judiciaire par les Equipes Communes d'Enquête (ECE) ?

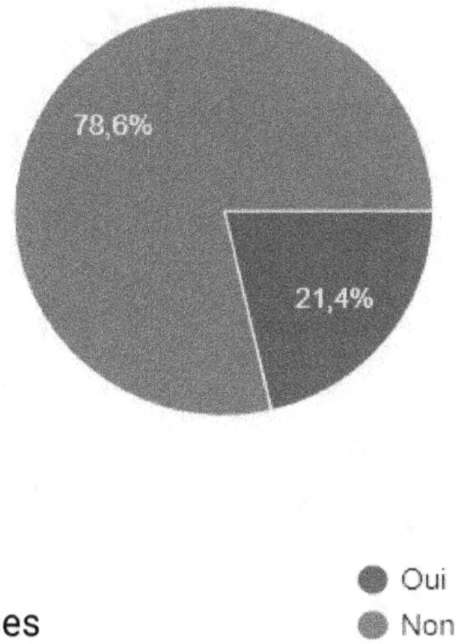

- 14 réponses

Profils :

- *Juge d'instruction*
- *Procureur/Substitut*
- *Officier de Police Judiciaire*
- *Directeur de l'entraide pénale*

Pays concernés :

- BURKINA FASO
- MALI
- NIGER
- TCHAD
- COTE D'IVOIRE

BIBLIOGRAPHIE GENERALE

I- OUVRAGES

A- Ouvrages généraux :

- ARNAUD. (A.-J), (dir.), *Dictionnaire encyclopédique de théorie et de sociologie du droit*, L.G.D.J., 1993, V° *Efficacité*.
- ASCENSIO. (H), DECAUX. (E), PELLET. (A), (dir.), *Droit international pénal,* Paris, Pedone, 2è éd., révisée, 2012, 1280 p.
- BOULOC. (B) et MATSOPOULOU. (H), *Droit pénal général et procédure pénale*, Paris, Sirey, 23ème éd., 2022, 914 p.
- CHAMBON. (P) et GUERY. (C), *Droit et pratique de l'instruction préparatoire*, Paris, Dalloz, 9ème éd., 2015, 1400 p.
- DEBOVE. (F) et FALLETTI. (F), *Précis de droit pénal et de procédure pénale*, Paris, PUF, 9ème éd., 2022, 1248 p.
- DONNEDIEU DE VABRES. (H), *Les Principes modernes du droit pénal international*, Recueil Sirey, 1928, 470 p.
- GUINCHARD. (S), et BUISSON. (J), *Procédure pénale*, Paris, Litec, 4ème éd., 2008, 1228 p.
- HUIT. (A) et KOERING-JOULIN. (R), *Droit pénal international*, Paris, PUF, 3è éd., 2005, 507 p.
- KANGAMBEGA. (E), *Droit pénal General*, Ouagadougou, Imprimerie Presse Africaines, collection précis de droit burkinabè, 2007, 435 p.

- LAROUSSE. (P), *Dictionnaire Larousse poche*, Paris, Larousse, 2017 V°. *Efficacité.*
- LEROY. (J), *Droit pénal général*, Paris, L.G.D.J, 3ème éd., 2010, 522 p.
- MERLE. (R) et VITU. (A), *Traité de droit criminel. Tome 1, Problèmes généraux de la science criminelle, droit pénal général*, Paris, éd., Cujas, 1997, 1068 p.
- OUEDRAOGO. (E), *Procédure pénale*, Ouagadougou, *éd., Temple du savoir international*, 2022, 132 p.
- PRADEL. (J), *Droit pénal général*, Paris, éd., Cujas, 2016, 792 p.
- REBUT. (D), *Droit pénal international*, Paris, Dalloz, 3è éd., 2019, 888 p.
- SOYER. (J-C), *Droit pénal et Procédure pénale*, Paris, L.G.D.J, 21ème éd., 2012, 504 p.

B- Ouvrages Spécialisés :

- BEAUVALLET. (O) (dir), *les investigations judiciaires internationales*, Paris, Berger levraut, 2014, 340 p.
- DANIEL. (S), *les Mafias du Mali, Trafic et terrorisme au Sahel*, Paris, éd. Descartes, 2014, 320 p.
- DESGRAIS. (N), SADA. (H), (dir.), *Le G5 Sahel, en réaction à la mutation de l'environnement stratégique sahélien, Politiques régionales de coopération et niveaux d'engagement des États membres*, Fondation pour la Recherche Stratégique, 2018, 143 p.
- DIARRA. (L), *La CEDEAO face au terrorisme transnational : mécanismes et stratégies de lutte,* Paris, L'Harmattan, 2016, 215 p.

- FLORE. (D), *Droit pénal européen : les enjeux d'une justice pénale européenne*, coll. « Europe(s) », Paris, Larcier, 2è éd., 2014. 844 p.
- FOUMDJEM (C)., *Blanchiment de capitaux et fraude fiscale*, Paris, Harmattan, coll. « Finances publiques », 2011, 490 p.
- GIUDICELLI-DELAGE. (G) et LAZERGES. (C), *Le Droit pénal de l'Union Européenne au lendemain du Traité de Lisbonne*, Paris, éd. Société de législation comparée, Coll. de l'UMR de droit comparé, 2011, 336 p.
- GUEYE. (P), *Criminalité organisée, terrorisme et cybercriminalité : Réponses de politiques criminelles*, Dakar, L'Harmattan-Sénégal, 2018, 436 p.
- HOURQUEBIE. (F), *Regard sur les instruments internationaux et régionaux d'entraide judiciaire*, cours de Droit international pénal, Université Bordeaux 4, année 2012, inédit, 113 p.
- IBRIGA. (L-M), COULIBALY. (S-A), SANOU. (D), *Droit communautaire ouest-africain, Ouagadougou*, Ouagadougou, Imprimerie Presse Africaines, collection précis de droit burkinabè, 2008, 510 p.
- KABRE. (C), *Le monde face au financement du terrorisme : Etude du dispositif de lutte au Burkina Faso*, Ouagadougou, Mercury Editions, 2019. 168 p.
- KERCHOVE. (G) et WEYEMBERGH. (A) (dir), *la confiance mutuelle dans l'espace pénal européen*, Bruxelles, Editions de l'Université de Bruxelles, 2005, 337 p.
- KOUDE. (R-K)., *la justice pénale internationale, un instrument idoine pour raisonner la raison d'Etat* ? Paris, l'Harmattan, 2023, 224 p.

- MANACORDA. (S) (dir), *L'intégration pénale indirecte. Interaction être droit pénal et coopération judiciaire au sein de l'Union européenne*, Paris, Société de législation comparée, coll. « UMR de droit comparé de Paris » Vol. 10, 2005, 383 p.
- MARTIN. (J. C), *Règles internationales relatives à la lutte contre le terrorisme*, Bruxelles, Bruylant, 2006, 613 p.
- MAYAUD. (Y), *Terrorisme-Infractions, poursuites pénales et indemnisation*, Paris, Dalloz, 2020, 408 p.
- MEHTIYEVA. (K)., *La notion de coopération judiciaire*, L.G.D.J, Bibliothèque de droit privé, t. 597, 2020, 572 p.
- MOREILLON. (L) et WILLI-JAYET. (A), *La coopération judiciaire pénale dans l'Union européenne*, Paris, éditions Helbing et Lichtenhahn, Bruylant/L.G.D.J. 2005, 745 p.
- TARBANGDO. (G), *Les Etats de la CEDEAO à l'épreuve du terrorisme dans l'espace Ouest-africain*, Ouagadougou, NEB, 2021, 151 p.
- TISSERON. (A), *La coopération sécuritaire et judiciaire en Afrique de l'Ouest face au défi de la lutte contre les groupes armés jihadistes*, Étude 81, IRSEM, juin 2021, 79 p.
- VUELTA-SIMON. (S), OLLIVIER-MAUREL. (P), *La justice française contre ETA*, Paris, PUF, coll. « Questions judicaires », 2012, 290 p.
- ZIMMERMANN. (R), *la coopération judiciaire internationale en matière pénale*, Berne, Staempfli Editions SA. 2004, 2ème éd., 733 p.

II- THESES ET MEMOIRES

A- Thèses :

- HERRAN. (T), *Essai d'une théorie générale de l'entraide policière internationale*, Thèse de Doctorat en droit privé et sciences criminelles, Université de Pau et des Pays de l'Adour, 2012., 719p.
- KAFANDO. (A), *La coopération judiciaire en matière de blanchiment dans l'espace UEMOA : état des lieux et perspectives*, thèse de Doctorat en droit privé et sciences criminelles, 2019, Université de Bordeaux, 481p.
- LELIEUR. (J), *La règle ne bis in idem. Du principe de l'autorité de la chose jugée au principe d'unicité d'action répressive. Étude à la lumière des droits français, allemand et européen*, Thèse de Doctorat en Droit privé et sciences criminelles, Université Panthéon-Sorbonne (Paris I), 2005, 668 p.
- MORIN. (M-E), *Le système pénal de l'Union européenne*, Thèse de Doctorat en droit et Sciences criminelles, Université Aix-Marseille, 2017, 677 p.

B- Mémoires

- CHAREYRON. (F), *Équipes communes d'enquête et droit pénal français,* mémoire de master 2, Université du Sud Toulon-Var, année universitaire 2010-2011, 61 p.
- CLEMENCIER. (J), *Le multilinguisme de l'Union Européenne et le droit pénal,* mémoire Master 2 Droit Pénal et Sciences Criminelles, Université Aix-Marseille, Faculté de Droit et de

Science Politique, Année universitaire 2018-2019, 118 p.

- DUTHOIT. (M), *La coopération pénale au sein de l'Union européenne,* mémoire master 2 recherche droit pénal et sciences pénales, Université Pantheon-Assas Paris II, Faculté de droit, année universitaire 2009-2010, 116 p.
- FAUCHON. (C), *L'expérience franco-espagnole en matière d'équipes communes d'enquête*, mémoire de master 2 droit pénal de l'Union européenne, Université de Strasbourg, Faculté de droit, année universitaire 2017-2018, 92 p.
- KOFFI. (W-J-M-D), *La coopération internationale face au terrorisme en Afrique de l'ouest*, mémoire de Master 2 en droit public, Université catholique de l'Afrique de l'ouest, Abidjan, 2018-2019, 115 p.
- ONGONO. (M.F.E), La *coopération judiciaire pénale dans les communautés économiques régionales en Afrique : cas de la CEEAC et de la CEDEAO*, mémoire de Master en Droit public international et communautaire, Université de Yaoundé II année universitaire 2012- 2013, 106 p.
- SAWADOGO. (Y-G), *le cadre juridique de lutte contre le blanchiment de capitaux et le financement du terrorisme au Burkina Faso*, mémoire de master professionnel, Droit pénal et sciences criminelles, IUFIC/Université Thomas SANKARA, avril 2021, 105 p.

III- <u>ARTICLES DE DOCTRINE ET MONOGRAPHIES :</u>

- ALOUPI. (N), « la décision d'enquête européenne, un mandat européen pour la recherche de preuve », *RGDIP*, 2013, pp. 677-695.
- AUBERT. (B), « Le mandat d'arrêt européen devant la chambre criminelle », *RSC*, 2008, pp. 429-439.
- BAMA. (U), « les impératifs de la coopération internationale en matière de lutte contre le phénomène du terrorisme », *Revue Juridique du Faso*, janvier 2022, pp.1-8.
- BERTHELET. (P), « L'impact des événements du 11 septembre sur la création de l'espace de liberté, de sécurité, et de justice », *Cultures & Conflits*, n°46, 2002, consulté en ligne le 08 août 2022.
https://journals.openedition.org/conflits/799.
- BLERIOT. (V), « Les équipes communes d'enquête à l'épreuve de la pratique », In F. JAULT-SESEKE, J. LELIEUR et C. PIGACHE(dir), L'espace judiciaire européen civil et pénal : regards croisé, coll, « Thèmes et commentaires », *Dalloz*, 2009, pp. 163-179.
- DUBOUT. (E), « Une question de confiance : nature juridique de l'Union européenne et adhésion à la Convention européenne des droits de l'homme », *Cah. dr. eur.,* 2015, no 1, pp. 73-112.
- GIACOMETTI. (M), NEVEU. (S), « La décision d'enquête européenne : un nouvel instrument destiné à révolutionner la récolte de preuves au

sein de l'UE ? », *Revue de Droit Pénal et de Criminologie*, Vol. 2016, pp. 861-910.

- LABAYLE. (H), « De nouveaux instruments pour un espace judiciaire européen : aspects normatifs », Actes du colloque organisé en Avignon le 16 octobre 1998, Paris, *La Documentation française*, 1999, pp. 86-130.
- LEGER. (P), « La coopération dans l'espace judiciaire européen – synthèse », *Rev. droit et patrimoine*, 2004, pp.356-364.
- LEMARCHAND. (C.G)., « la commission rogatoire internationale en droit pénal », *RSC*, janvier-mars 2003, pp.36-51.
- LONG. (N), « mise en œuvre du mandat d'arrêt européen et des équipes communes d'enquête au niveau national et au niveau européen », *Direction générale des politiques internes du Parlement européen*, 2009, pp.1-49.
- MEYER. (P) et IBRIGA. (L.M), « La place du droit communautaire UEMOA dans le droit interne des Etats membres », *Revue Burkinabè de Droit (RBD)* N°37 du 1er semestre 2000, pp.28-46.
- MOUKALA-MOUKOKO. (C), « l'état de l'application du droit pénal des affaires Ohada dans les états-parties », Benin, *Ecole Régionale Supérieure de la Magistrature* (ERSUMA-), 2013, pp.1- 47.
- NORD-WAGNER. (M), « L'urgence en procédure pénale », *Rev.péni.dr.pén.* n°1, 2006 pp.263-271.
- OUEDRAOGO. (J), « Analyse de la contrainte judiciaire au Burkina Faso », R.I.D.S.P, Vol. 3, N°3 – Mars 2023, pp. 38- 56.

❖ OUEDRAOGO. (J), « Le principe du contradictoire dans la procédure pénale burkinabè », *Bulletin scientifique du CEDHOP*, n°12, avril-juin 2023, pp.5-25.

❖ OUEDRAOGO, (J), « Techniques spéciales d'enquête et respect des droits humains dans le contexte de la criminalité transnationale organisée et du terrorisme dans l'espace du G5 Sahel », *Bulletin scientifique du CEDHOP*, N°8, avril-juin 2022, pp.6-33.

❖ PELTIER. (J.M)., « Coopération bilatérale, le rôle du magistrat de liaison », *AJ Famille*, 2018, pp.512-637.

❖ PRADEL. (J)., « Le mandat d'arrêt européen, premier pas vers une révolution copernicienne dans le droit français de l'extradition », *Rev. Droit et patrimoine*, 2004, pp. 1392-1464.

❖ RIVAUD. (J.P) et GONTRAN. (C), « le magistrat de liaison, facilitateur de la coopération judiciaire » (dir), FALXA. (J), *coopération judiciaire internationale en matière pénale France, Brésil, Suriname*, Paris, l'harmattan, 2021. pp. 49-61.

❖ THWAITES. (V.N), « Eurojust : autre brique dans l'édifice de la coopération judiciaire en matière pénale ou solide mortier », *RSC,* 2003, pp. 26-49.

❖ VUELTA SIMON. (S), « Le rôle du magistrat de liaison dans un pays membre de l'Union européenne : l'Espagne », *Revue pénitentiaire et de droit pénal*, n°3, 2008, pp.493-507.

❖ VUELTA-SIMON. (S), « Dernières nouvelles des équipes communes d'enquête : entre partage et souveraineté... », *RSC*, avril-juin 2007, pp. 267-278.

* WELLER. (E), « Mutual Trust : in search of the future of European Union Private International Law », *Journal of Private International Law*, 2015, pp.1-38.
* WIOLAND. (D), « La coopération transfrontalière, d'un scepticisme compréhensible à un optimisme réaliste », *Rev. de la gendarmerie nationale*, 2ème trimestre 2005, pp. 64-76.
* ZANONTO. (J-P), « Le point de vue d'un praticien », in *Vers un espace pénal judiciaire européen* DE KERCHOVE. (G) et WEYEMBERGH. (A), Bruxelles, Editions de l'Université de Bruxelles, 2000, pp. 330-337.

IV- RAPPORTS ET DOCUMENTS OFFICIELS

* Conseil de l'Union européenne, *Manuel sur l'échange d'informations en matière répressive*, Bruxelles, 6261/17, juillet 2017, 116 p.
* Conseil européen de Tampere, Conclusions de la présidence, 15 et 16 octobre 1999, SN 200/99, Parlement européen http://www.europarl.europa.eu/summits/tam_fr.htm .
* EUROJUST, *Lignes directrices pour décider à quelle juridiction confier les poursuites,* Office des publications de l'Union européenne, 2016, 6 p.
* EUROJUST, *Rapport annuel 2021*, Office des publications de l'Union européenne, 2022, p.24.
* GAFI, *Méthodologie d'évaluation de la conformité technique aux Recommandations du GAFI et de l'efficacité des systèmes de LBC/FT*, octobre 2021, GAFI, Paris, 53 p.

- Institut International pour la Justice et l'Etat de Droit, IIJ, *manuel de formation Ectac, contre-terrorisme : approfondissement des compétences des praticiens francophones et magrébins,* Novembre-Décembre 2020, exposé 15, équipes communes d'enquête, disponible sur le site https://www.theiij.org/fr/ectac/ .
- MJDHPC, *Guide pour l'efficacité de la chaine pénale au Burkina Faso*, mars 2022, 199 p.
- MJDHRI, *rapport de l'atelier de renforcement des capacités des magistrats sur la recherche de la coopération pénale internationale*, 15 Juillet 2023, 6 p.
- ONUDC, *État de l'application de la Convention des Nations Unies contre la corruption : incrimination, détection et répression, et coopération internationale*, Vienne, 2e éd., 2017, 308 p.
- ONUDC, *Guide législatif pour l'application de la Convention des Nations Unies contre la criminalité transnationale organisée*, 596 p.
- ONUDC, *la coopération internationale en matière pénale contre le terrorisme*, juillet 2011. 159 p.
- ONUDC, *Manuel sur l'entraide judiciaire et l'extradition*, New York, 2012, 108 p.
- ONUDC, *Questions transversales, Coopération internationale, Compilation d'outils d'évaluation de la justice pénale*, New York, 2008, 22 p.
- ONUDC, *Recueil d'affaires de criminalité organisée, Compilation d'affaires avec commentaires et enseignements tirés*, octobre 2012. 160 p.
- ONUDC, *WACAP : la pierre angulaire de la coopération internationale. "La coopération*

transfrontalière pour lutter efficacement contre la criminalité transnationale organisée, janvier 2020, 26 p. https://www.unodc.org/.

- Réseau UE d'experts nationaux en matière d'équipes communes d'enquête, *Guide pratique à l'intention des équipes communes d'enquête,* document no 6128/1/17 REV 1 Bruxelles, 2017, 39 p.
- Université Paul Cézanne Aix-Marseille III, Centre de recherche en matière pénale Fernand Boulan EA 32-41, *L'émergence d'une culture judiciaire européenne ?* actes de colloque du 16 et 17 janvier 2009, Cahiers de méthodologie juridique, PUAM janvier 2010. 46 p.

V- **LEGISLATIONS**

A- **Supranationales**

- Accord de coopération en matière de police criminelle entre les Etats membres de la Communauté Economique des Etats de l'Afrique de l'Ouest (CEDEAO) signé à Accra au Ghana, le 6 juillet 2006.
- Accord de coopération judiciaire entre le Mali, le Niger, le Tchad, signé à Niamey le 09 mai 2017 et l'adhésion du Burkina Faso le 19 mars 2019.
- Convention contre la criminalité transnationale organisée, signée le 15 novembre 2000 et entrée en vigueur le 29 septembre 2003.
- Convention contre le trafic illicite de stupéfiants et de substances psychotropes du 20 décembre 1988.

- Convention de l'OUA sur la Prévention et la Lutte contre le Terrorisme du 1er juillet 1999.
- Convention de l'UA sur la prévention et la lutte contre la corruption adoptée par les chefs d'Etats au Sommet de l'Union africaine de Maputo du 11 juillet 2003.
- Convention des Nations Unies contre la corruption, entrée en vigueur le 14 décembre 2005.
- Convention relative à l'entraide judiciaire en matière pénale entre les Etats membres de l'Union Européenne du 29 mai 2000. Journal Officiel des Communautés européennes n° C 197 du 12 juillet 2000.
- Convention relative à l'entraide judiciaire en matière pénale entre les Etats membres de la CEDEAO, signée à Dakar, le 29 juillet 1992 et entrée en vigueur le 28 octobre 1998.
- Décision-cadre 2002/584/JAI du conseil européen, du 13 juin 2002, relative au mandat d'arrêt européen JOCE, n° L 190 du 18 juillet 2002.
- Décision-cadre 2009/948/JAI du conseil du 30 novembre 2009 relative à la prévention et au règlement des conflits en matière d'exercice de la compétence dans le cadre des procédures pénales.
- Décision-cadre du Conseil du 13 juin 2002 relative aux équipes communes d'enquête, Journal officiel n° L 162 du 20/06/2002 p. 0001 – 0003.
- Directive n°02/2015/CM/UEMOA relative à la lutte contre le blanchiment des capitaux et le financement du terrorisme du 02 juillet 2015.
- Résolution du Conseil européen du 26 février 2010 relative à un modèle d'accord pour la

création d'une équipe commune d'enquête. Journal Officiel de l'Union européenne n° C 70 du 19 mars 2010.

B- <u>NATIONALES</u>

- Code de procédure pénale de la Cote d'Ivoire [*loi n° 2018-975 du 27 décembre 2018 portant code de procédure pénale en Côte d'Ivoire et l'ensemble de ses textes modificatifs*].
- Code de procédure pénale de la France [*Loi n° 57-1426 du 31 décembre 1957 portant code de procédure pénale en France et l'ensemble de ses textes modificatifs*].
- Code de procédure pénale du Burkina Faso [*la loi n°40-2019/AN portant code de procédure pénale au Burkina Faso et l'ensemble de ses textes modificatifs*].
- Code de procédure pénale du Mali [*Loi n° 01-080 du 20 août 2001 portant Code de procédure pénale au Mali et l'ensemble de ses textes modificatifs*].
- Code de procédure pénale du Niger [*Loi n° 61-33 du 14 août 1961 portant Code de procédure pénale au Niger et l'ensemble de ses textes modificatifs*].
- Code de procédure pénale du Tchad [*Loi n° 2017-01 du 8 mai 2017 portant Code pénal au Tchad et l'ensemble de ses textes modificatifs].*
- Code de procédure pénale du Togo [*Loi n° 83-1 du 2 mars 1983 portant Code de procédure pénale au Togo et l'ensemble de ses textes modificatifs].*
- Loi n° 2004-204 du 9 mars 2004 portant adaptation de la justice aux évolutions de la criminalité (dite « Loi Perben II »). Journal

Officiel de la République française n° 59 du 10 mars 2004, p. 4567, texte 1.

- Loi n° 2015-493 du 7 juillet 2015 portant répression du terrorisme en république de Côte d'Ivoire.
- Loi n°016-2016/AN du 3 mai 2016 relative à la lutte contre le blanchiment de capitaux et le financement du terrorisme au Burkina Faso.
- Loi n°2015-993 du 17 août 2015 transposant en France la décision-cade 2009/948/JAI du conseil du 30 novembre 2009 relative à la répression et au règlement des conflits en matière pénale en Europe.
- Ordonnance n°2010-86 du 16 décembre 2010 relative à la lutte contre la traite des personnes au Niger.

VI- JURISPRUDENCE :

- Audiancia Nacional espagnol. Arrêts du 22 décembre 2009 et 12 mai 2010, résolutions n°80/2009 et 40/2010 de n°480/2009 du 22 mai 2009.
- Cass. Crim., 20 août 1992, Bull.crim., n°279. https://juricaf.org/arret/FRANCE-COURDECASSATION-19920820-9282970.
- CIJ, arrêt du 04 juin 2008 du 24 mars 2017 *portant sur certaines questions concernant l'entraide judiciaire en matière pénale*, Djibouti c./ France. https://www.icj-cij.org/fr/node/103198.
- Cour de Justice de l'Union Européenne. C.J.U.E., avis 2/13 du 18 décembre 2014, point 191. https://eur-lex.europa.eu/legal-content/FR/TXT/?uri=CELEX%3A62013CV0002.

TABLE DES MATIERES

Structures éditoriales du groupe L'Harmattan

L'Harmattan Italie
Via degli Artisti, 15
10124 Torino
harmattan.italia@gmail.com

L'Harmattan Hongrie
Kossuth l. u. 14-16.
1053 Budapest
harmattan@harmattan.hu

L'Harmattan Sénégal
10 VDN en face Mermoz
BP 45034 Dakar-Fann
senharmattan@gmail.com

L'Harmattan Cameroun
TSINGA/FECAFOOT
BP 11486 Yaoundé
inkoukam@gmail.com

L'Harmattan Burkina Faso
Achille Somé – tengnule@hotmail.fr

L'Harmattan Guinée
Almamya, rue KA 028 OKB Agency
BP 3470 Conakry
harmattanguinee@yahoo.fr

L'Harmattan RDC
185, avenue Nyangwe
Commune de Lingwala – Kinshasa
matangilamusadila@yahoo.fr

L'Harmattan Congo
219, avenue Nelson Mandela
BP 2874 Brazzaville
harmattan.congo@yahoo.fr

L'Harmattan Mali
ACI 2000 - Immeuble Mgr Jean Marie Cisse
Bureau 10
BP 145 Bamako-Mali
mali@harmattan.fr

L'Harmattan Togo
Djidjole – Lomé
Maison Amela
face EPP BATOME
ddamela@aol.com

L'Harmattan Côte d'Ivoire
Résidence Karl – Cité des Arts
Abidjan-Cocody
03 BP 1588 Abidjan
espace_harmattan.ci@hotmail.fr

Nos librairies en France

Librairie internationale
16, rue des Écoles
75005 Paris
librairie.internationale@harmattan.fr
01 40 46 79 11
www.librairieharmattan.com

Librairie des savoirs
21, rue des Écoles
75005 Paris
librairie.sh@harmattan.fr
01 46 34 13 71
www.librairieharmattansh.com

Librairie Le Lucernaire
53, rue Notre-Dame-des-Champs
75006 Paris
librairie@lucernaire.fr
01 42 22 67 13

www.ingramcontent.com/pod-product-compliance
Lightning Source LLC
LaVergne TN
LVHW011039061026
849535LV00006B/2094